2000
CITATIONS POSITIVES

ISBN 9798480197525 Independently Published

"

On ne souffre jamais que du mal que nous font ceux qu'on aime. Le mal qui vient d'un ennemi ne compte pas.

VICTOR HUGO

« Ne vous inquiétez pas de ce que vous ne pouvez pas contrôler. Nous devons nous concentrer sur les choses que nous pouvons contrôler. L'attitude, l'effort, et la concentration – sont les choses que nous pouvons contrôler « - **Tim Tebow**

« Celui qui suit la raison en toutes choses est à la fois tranquille et actif, et aussi joyeux et serein « - **Marc Aurèle**

« Parfois, la meilleure chose que vous puissiez faire est de vous taire, d'écouter et de réfléchir « - **Lex Fridman**

« Marchez toujours dans la vie comme si vous aviez quelque chose de nouveau à apprendre et vous l'obtiendrez « - **Vernon Howard**

« Quel que soit l'effort humain que nous choisissons, tant que nous vivons notre vérité, c'est le succès « - **Kamal Ravikant**

« Le passé est votre leçon. Le présent est votre cadeau. L'avenir est votre motivation «

« La normalité est une route pavée ; il est confortable de marcher dessus, mais aucune fleur ne pousse « - **Vincent Van Gogh**

« Dieu nous chuchote dans nos plaisirs, parle dans notre conscience, mais crie dans nos douleurs : c'est son mégaphone pour réveiller un monde sourd « - **CS Lewis**

« Ceci est mon credo : le bonheur est le seul bien ; la raison le seul flambeau ; la justice la seule dévotion, l'humanité la seule religion, et l'amour le seul prêtre « - **Robert Green Ingersoll**

« Le vrai bonheur naît, en premier lieu, de la jouissance de soi « - **Joseph Addison**

« Le succès dans toute entreprise dépend de la mesure dans laquelle il est une expression de votre vrai soi « - **Ralph Marston**

« La gratitude n'est pas seulement la plus grande des vertus, mais la mère de toutes les autres « - **Marcus Tellius Cicéron**

« Un homme voit dans le monde ce qu'il porte dans son cœur « - **Johann Wolfgang von Goethe**

« Ce n'est pas ce que vous dites de votre bouche qui détermine votre vie, c'est ce que vous vous murmurez qui a le plus de pouvoir « - **Robert T. Kiyosaki**

« La douceur et la gentillesse feront de nos maisons un paradis sur terre « - **C. A. Bartol**

« Il ne peut y avoir d'échec pour une personne qui n'a pas perdu son courage, son caractère, son estime de soi ou sa confiance en soi. Il est toujours roi « - **Orison Swett Marden**

« La pensée est la fleur ; le langage le bourgeon ; et l'action le fruit derrière elle « - **Ralph Waldo Emerson**

« Chaque expérience est une leçon. Chaque perte est un gain « - **Sathya Sai Baba**

« Pour être plus riche, plus heureux et plus libre, il vous suffit d'en vouloir moins « - **Francine Jay**

« Aimez la vie et la vie vous aimera en retour. Aimez les gens et ils vous aimeront en retour « - **Arthur Rubinstein**

« Le succès est un voyage pas une destination. Le faire est souvent plus important que le résultat « - **Arthur Ashe**

« La mesure ultime d'un homme n'est pas où il se trouve dans des moments de confort et de commodité, mais où il se tient à des moments de défi et de controverse « - **Martin Luther King jr**

« Un pessimiste est celui qui fait des difficultés de ses opportunités et un optimiste est celui qui fait des opportunités de ses difficultés « - **Harry S. Truman**

« Soyez un spectateur calme de ce qui se passe autour de vous « - **Bruce Lee**

« Craignez moins, espérez plus. Mangez moins, mâchez plus. Gémissez moins, respirez plus. Parlez moins, dites plus. Aimez plus, et toutes les bonnes choses seront à vous ! « - **Proverbe suédois**

« La vie est une série de changements naturels et spontanés. Ne leur résistez pas ; cela ne crée que du chagrin. Que la réalité soit la réalité. Laissez les choses avancer naturellement de la manière qui leur plaît « - **Lao Tzu**

« Chacun de nous doit travailler pour sa propre amélioration et en même temps partager une responsabilité générale pour toute l'humanité « - **Marie Curie**

« Le rire est le tonique, le soulagement et la délivrance de la douleur « - **Charlie Chaplin**

« La curiosité et les questions vous mèneront au-delà de la confiance et des réponses « - **Maxime Lagacé**

« Nous ne réalisons pas que quelque part en nous tous, il existe un moi suprême qui est éternellement en paix « - **Elizabeth Gilbert**

« Le bonheur de l'homme réside vraiment dans le contentement. Celui qui est mécontent, quel que soit ce qu'il possède, devient l'esclave de ses désirs « - **Mahatma Gandhi**

« Votre cœur connaît le chemin. Courez dans cette direction « - **Rumi**

« Celui qui se respecte est à l'abri des autres ; il porte une cotte de mailles qu'aucun ne peut percer « - **Henry W. Longfellow**

« Le pouvoir de l'espoir est un ingrédient essentiel pour affronter l'adversité. Il est essentiel de croire que les choses ne restent jamais les mêmes et peuvent s'améliorer. La croyance que des choses plus grandes que nous-mêmes sont possibles «

« Ralentissez et profitez de la vie. Ce n'est pas seulement le paysage qui vous manque en allant trop vite - vous manquez également le sens de l'endroit où vous allez et pourquoi « - **Eddie Cantor**

« L'éducation commence l'homme du monde, mais la lecture, la bonne compagnie et la réflexion lui donne la finition nécessaire « - **John Locke**

« Faire des erreurs signifie simplement que vous apprenez plus rapidement « - **Weston H. Agor**

« Regardez bien en vous-même ; il y a une source de force qui jaillira toujours si tu veux toujours regarder « - **Marc Aurèle**
« C'est peut-être pour cela que la vie est si précieuse. Pas de retour en arrière ou d'avance rapide... juste de la patience et de la foi « - **Cristina Marrero**

« Accrochez-vous à votre chapeau. Accrochez-vous à votre espoir. Et remontez l'horloge, car demain est un autre jour « - **E.B. blanc**

« Le problème est de trop réfléchir. Agir est la solution « - **Maxime Lagacé**

« L'esprit est plus vif et plus aiguisé dans l'isolement et la solitude ininterrompue « - **Nikola Tesla**

« Il vaut mieux garder le silence au risque d'être considéré comme un imbécile, que d'en parler et d'en dissiper tout doute.» - **Maurice Switzer**

« Si vous n'êtes pas reconnaissant de ce que vous avez déjà, qu'est-ce qui vous fait penser que vous seriez satisfait avec plus « - **Roy T. Bennett**

« La vie serait ennuyeuse si nous suivions tous exactement les mêmes règles « - **Tim Ferriss**

« La vie est le premier cadeau, l'amour est le deuxième et la compréhension le troisième « - **Marge Piercy**

« La gentillesse dans les mots crée la confiance. La gentillesse dans la pensé crée la profondeur. La gentillesse en donnant crée l'amour « - **Lao Tzu**

« Outre le noble art de faire avancer les choses, il y a le noble art de laisser les choses en suspens. La sagesse de la vie consiste à éliminer les éléments non essentiels « - **Lin Yutang**

« L'attitude la plus efficace à adopter est celle de l'acceptation suprême « - **Robert Greene**

« La mesure du succès est le bonheur et la tranquillité d'esprit « - **Bobby Davro**

« La vie est un équilibre entre s'accrocher et lâcher prise « - **Rumi**

« La persévérance éclipse même le talent en tant que ressource la plus précieuse qui façonne la qualité de vie « - **Tony Robbins**

« Personne dans la vie n'obtient exactement ce qu'il pensait obtenir. Mais si vous travaillez très dur et que vous êtes gentil, des choses incroyables se produiront « - **Conan O'Brien**

« Comprenez : vous êtes unique en son genre. Vos traits de caractère sont une sorte de mélange chimique qui ne se répétera jamais dans l'histoire. Il y a des idées qui vous sont propres, un rythme et une perspective spécifiques qui sont vos forces et non vos faiblesses.

Vous ne devez pas avoir peur de votre caractère unique « - **Robert Greene**

« J'ai le choix d'être constamment actif et heureux ou introspective ment passif et triste. Ou je peux devenir fou en ricochant entre les deux « - **Sylvia Plath**

« Dites non à la gratification instantanée afin de pouvoir dire oui aux gains massifs à long terme « - **Maxime Lagacé**

« Les hommes les plus sages suivent leur propre direction « - **Euripide**

« Ce n'est que si nous comprenons que nous nous en soucierons. Ce n'est que si nous nous soucions que nous vous aiderons. Ce n'est que si nous aidons que tous seront sauvés « - **Jane Goodall**

« Ne critiquez jamais un homme avant d'avoir parcouru un kilomètre dans ses mocassins « - **Proverbe amérindien**

« Nous sommes à notre meilleur lorsque nous nous soutenons les uns les autres. Pas lorsque nous nous annulons pour nos erreurs passées, mais lorsque nous nous entraidons pour grandir. « - **Joaquin Phoenix**

« Je m'efforce d'être sceptique, dans le meilleur sens du terme : je remets tout en question, et pourtant je suis ouvert à tout » - **Amy Tan**

« Il n'y a qu'un seul but pour toute la vie, et c'est pour vous de faire l'expérience de la plus grande gloire de qui vous êtes vraiment « - **Neale Donald Walsh**

« Tout dans l'Univers est en vous. Demandez tout de vous-même « - **Rumi**

« La chose la plus malheureuse qui arrive aux gens, c'est qu'ils se limitent en ayant peur d'essayer quelque chose de nouveau… donnez-vous une chance !» - **Nishan Panwar**

« Prenez des risques, faites des erreurs. C'est ainsi que vous grandissez. La douleur nourrit votre courage. Il faut échouer pour s'entraîner à être courageux. « - **Mary Tyler Moore**

« Ne laissez pas la peur ou l'insécurité vous empêcher d'essayer de nouvelles choses. Croyez en vous. Faites ce que vous aimez. Et surtout, soyez gentil avec les autres, même si vous ne les aimez pas « - **Stacy Londres**

« Personne n'est parfait et nous apprenons tous par nos erreurs, alors continuez à expérimenter et à essayer de nouvelles choses dans la vie.» - **Anurag Prakash**

« En étant vous-même, vous mettez quelque chose de merveilleux dans le monde qui n'existait pas auparavant.» - **Edwin Elliott**

« Que vous choisissiez de sortir de vos luttes et de profiter de la vie ou de vous dandiner dans votre misère, la vie continuera.» - **Germany Kent**

« Le changement peut être effrayant, mais vous savez ce qui est le plus effrayant ? Permettre à la peur de vous empêcher de grandir, d'évoluer et de progresser. « - **Mandy Hale**

« Vous pouvez apprendre de nouvelles choses à tout moment de votre vie si vous êtes prêt à être un débutant. Si vous apprenez réellement à aimer être un débutant, le monde entier s'ouvre à vous « - **Barbara Shur**

« Personne ne peut jamais vous reprendre vos souvenirs - chaque jour est un nouveau départ, faites de bons souvenirs chaque jour.» - **Catherine Pulsifer**

« Il n'est jamais trop tard pour devenir ce que vous voulez être. J'espère que vous vivez une vie dont vous êtes fier, et si vous constatez que vous ne l'êtes pas, j'espère que vous avez la force de recommencer. « - **F. Scott Fitzgerald**

« J'ai décidé d'être moi-même, et cela ne ressemble en rien à ce que font les autres. Il y a quelque chose de si puissant à être unique « - **Alicia Keys**

« Les succès de la vie semblent bons pour les autres, mais les meilleurs éléments sont en fait les expériences quotidiennes simples. Cela est vrai que vous soyez acteur, enseignant ou serveuse. Je le sais parce que j'ai été tous les trois. « - **Lauren Graham**

« N'attendez pas votre tour. Pariez sur vous-même et ayez la confiance nécessaire pour vous lever et dire : «Mon heure est venue». « - **Robert F. Smith**

« C'est votre droit de choisir ce que vous faites et ce que vous ne faites pas, de choisir ce en quoi vous croyez et ce en quoi vous ne croyez pas. C'est votre droit de gérer votre vie et votre propre point de vue.» - **Lady Gaga**

« L'amour est l'élixir énergisant de l'univers, la cause et l'effet de toutes les harmonies « - **Rumi**

« Lorsque vous êtes en alignement avec votre but, tout l'Univers roulera à vos pieds en extase « - **Franz Kafka**

« Si vous écoutez votre âme, vous saurez ce qui est «le mieux» pour vous, car ce qui est le mieux pour vous est ce qui est vrai pour vous « - **Neale Donald Walsh**

« Bien vivre n'est pas le résultat d'une surcharge quotidienne avec le maximum d'expériences. Il s'agit plus de faire de chaque expérience une expérience de qualité « - **Ralph Marston**

« Les livres qui vous aident le plus sont ceux qui vous font le plus penser. La manière la plus difficile d'apprendre est celle de la lecture facile; mais un grand livre qui vient d'un grand penseur est un vaisseau de pensée, profondément chargé de vérité et de beauté. ~ **Pablo Neruda**

« Je dois apprendre à lâcher prise, à tout laisser aller, à me recentrer et à ouvrir mon esprit. Les idéaux, les concepts et les idées du moi étant séparé de l'ensemble de toute conscience doivent changer. Nous sommes une grande famille, tu es moi et je suis toi « - **Brandon Garic Notch**

« Le néant est le début de tout. Ne vous inquiétez pas que vous n'ayez rien; soyez heureux que vous ayez une toile sur laquelle peindre votre propre réalité. - **Kayambila Mpulamasaka**

« Vos pensées sont à vous de choisir, d'utiliser, de développer ou de rejeter si nécessaire. Assumez-en la responsabilité, travaillez pour les rendre bénéfiques et stimulants, et meilleure sera votre vie « - **Ralph Marston**

« L'exercice le plus fondamental est l'auto-observation, qui est le catalyseur du changement intérieur, il donnera la connaissance de soi et un esprit clair et une perception claire. Sans cela, la tentative d'atteindre l'illumination et d'éveiller la conscience est vouée à l'échec « - **Belsebuub**

« Arrêtez toutes vos actions, toutes vos pensées. Ne faites que juste «être» pendant un moment. Même pour un instant. Cela peut tout changer « - **Neale Donald Walsh**

« Peut-être que ce que vous pensez être trop difficile, ou inconfortable, gênant ou incommodant pourrait en fait être très libérateur, inspirant, énergisant. Peut-être que cette chose que vous n'avez jamais voulu faire peut devenir celle que vous vous précipitez a faire « - **Ralph Marston**

« Dieu n'a besoin de rien de vous et ne vous demande rien. L'amour de Dieu pour vous est sans condition et sans limitation « - **Neale Donald Walsh**

« Faites attention à ce sur quoi vous mettez votre cœur, car ce sera sûrement le vôtre « - **Ralph Waldo Emerson**

« Les émotions sont ce qui nous rend humains. Ce qui nous rends vraies. Le mot «émotion» signifie énergie en mouvement. Soyez honnête sur vos émotions et utilisez votre esprit et vos émotions en votre faveur, pas contre vous-même « - **Robert T.Kiyosaki**

« Cette vie, cette vie merveilleuse, est de votre côté. Cet univers, cet univers merveilleux, est dans votre coin, soutenant toute la vie « - **Neale Donald Walsh**

« Apprendre à lâcher prise doit être appris avant d'apprendre à obtenir. La vie doit être touchée, pas étranglée. Vous devez vous détendre, laisser cela arriver à certains moments, et parfois avancer avec. « - **Ray Bradbury**

« Si vous avez une bonne idée, utilisez-la pour non seulement accomplir quelque chose, mais aussi pour faire de la place pour que de nouvelles idées coulent en vous.» - **Deng Ming-Dao**

« Tout comportement est motivé par nos croyance, donc avant de nous demander comment apprendre, nous devons d'abord nous pencher sur les croyances sous-jacentes que nous détenons sur ce qui est possible.» - **Jim Kwik**

« Le secret le plus profond est que la vie n'est pas un processus de découverte, mais un processus de création. Vous ne vous découvrez pas, mais vous vous créez à nouveau. Ne cherchez donc pas à découvrir qui vous êtes, mais cherchez à déterminer qui vous voulez être « - **Neale Donald Walsch**

« Vous devez laisser ce qui se passe arriver. Tout doit être égal à vos yeux, bien et mal, beau et laid, insensé et sage « - Michael Ende «Voulez-vous vraiment être heureux? Vous pouvez commencer par apprécier qui vous êtes et ce que vous avez. « - Benjamin Hoff

« Aujourd'hui, demain, à chaque fois, choisissez ce que vous savez être juste, ce que vous savez être le meilleur Soyez ferme dans vos choix et apportez de nouvelles et précieuses récompenses à toute la vie « - **Ralph Marston**

« Votre paix intérieure et la sainteté de votre être ne valent pas la peine d'être détruites à cause d'un sentiment négatif que vous avez à propos de quelque chose. Laissez-le simplement aller et revenez à la connaissance et à l'expérience de qui vous êtes vraiment « - **Neale Donald Walsh**

«Ne laissez pas la peur de perdre être plus grande que l'excitation de gagner.» - **Robert Kiyosaki**

« Tous bon rêve commence avec un rêveur. Souvenez-vous toujours que vous avez en vous la force, la patience et la passion d'atteindre les étoiles pour changer le monde « - **Harriet Tubman**

« Chaque matin, quand j'ouvre les yeux, je me dis: moi, pas les événements, j'ai le pouvoir de me rendre heureux ou malheureux aujourd'hui. Je peux choisir lequel ce sera. Hier est mort, demain n'est pas encore arrivé. Je n'ai qu'un jour, aujourd'hui, et je vais y être heureux « - **Groucho Marx**

« Regardez au-delà de tout ce qui pourrait vous arrêter en vous concentrant sur quelque chose qui vous inspire et vous excite. Plus cela est significatif pour vous, plus votre niveau de motivation et d'énergie sera élevée « - **Ralph Marston**

« Quand je fais du bien, je me sens bien, quand je fais du mal, je me sens mal, et c'est ca ma religion « - **ABRAHAM LINCOLN**

« Mettez-vous au défi avec quelque chose que vous savez que vous ne pourriez jamais faire, et ce que vous découvrirez, c'est que vous pouvez tout surmonter «

« Croyez en votre cœur que vous êtes censé vivre une vie pleine de passion, de but, de magie et de miracles « - **Roy T. Bennett**

« Vous n'avez aucun pouvoir réel sur ce que les autres pensent, disent, ressentent ou font. Vous avez tout pouvoir sur ce que leurs paroles, leurs actions et leurs idées signifient pour vous « - **Ralph Marston**

« Arrêtez de souhaiter en vain que vous puissiez réorganiser le passé ou être inséré comme par magie dans un présent différent. Entrez en vous-même et découvrez ce que vous pouvez faire avec tout ce que vous avez, quelle que soit la situation « - **Ralph Marston**

« Pratiquez-vous l'art de permettre ou l'art de refuser? Pratiquez-vous l'art de vous permettre d'être en phase avec qui vous êtes vraiment; l'art de se permettre d'être la véritable extension de l'énergie source? C'est pour cela que vous êtes ici. « - **Esther Hicks & Abraham**

« Le temps et l'argent dépensés pour aider les gens à faire plus pour eux-mêmes valent bien mieux que de simplement donner « - **Henry Ford**

« L'échec est un jugement que nous, les humains, portons sur une action donnée. Plutôt que ce jugement, substituez le par cette attitude: vous ne pouvez pas échouer, vous ne pouvez que produire des résultats « - **Wayne Dyer**

« Les grandes choses ne se font pas par impulsion, mais par une série de petites choses réunies « - **George Eliot**

« Il s'avère que la passion et la persévérance comptent plus que le talent ou l'intelligence pour réussir « - **Linda Kaplan**

« La liberté personnelle signifie choisir notre propre comportement ; cela signifie agir plutôt que réagir « - **Karen Casey**

« L'optimisme et la positivité font avancer vos objectifs « - **Renil M. George**

« En réalité, la richesse de nos vies est souvent égale aux risques que nous sommes assez courageux de prendre « - **Sue Patton Thoele**

« Ce qui rend la vie spéciale, c'est le bien que vous pouvez y apporter. Embrassez toujours la vie telle qu'elle est et agissez « - **Ralph Marston**

« Notre monde serait très différent si chacun de nous poursuivait avec passion le but de sa vie « - **Munmi Sarma**

« Je crois que rien dans la vie n'est sans importance. Chaque instant peut être un début. Et un temps pour la décision « - **John McLeod**

« Une attitude positive vient avec la motivation que quelque chose peut être fait de toute façon malgré les circonstances qui prévalent « - **Dan Miller**

« Nos possibilités d'actions et de choix peuvent être limités par la peur, alors soyons réfléchi, mais aussi sans peur « - **Fran Curcio**

« L'adversité est le catalyseur qui nous oblige à nous élargir. Elle nous pousse à trouver des solutions aux problèmes « - **Catherine Pulsifer**

« Vos sentiments donnent de la richesse, de la couleur et du sens à vos pensées. Vos pensées imposent une mesure de discipline et de réalité à vos sentiments « - **Ralph Marston**

«Celui qui devient mouton est mangé par le loup.» - **Proverbe Grec**

«Veillez à laisser vos fils bien instruits plutôt que riches, car les espoirs des instruits valent mieux que la richesse des ignorants « - **Épictète**

« La vie ne doit pas être absorbée par les expériences des autres; au lieu de cela, il doit être saisi par vous avec la force de mille lions « - **Theodore W. Higgingsworth**

« En étant le meilleur que vous pouvez être, le plus habile dans votre entreprise et en vous aimant, en aimant votre vie et ce que vous en faites, vous commencerez avec bonheur chaque nouvelle journée avec un printemps dans votre démarche « - **Ross Wilson**

« Le succès, le bonheur, la confiance et l'amour sont des éléments importants de votre vie. Vous avez besoin de tout cela pour faire face à différents défis et pour augmenter le succès et la commodité de votre vie « - **Chris Johnston**

« Les personnes passionnées par une certaine chose sont plus susceptibles d'y consacrer plus de temps et d'efforts que celles qui n'en ont pas « - **Barbara Geer**

« Votre histoire est votre souvenir de ces expériences de vie qui ont fait de vous ce que vous êtes aujourd'hui. Il se compose «du meilleur et du pire des temps « - **Bill DeFoore**

« Veillez à laisser vos fils bien instruits plutôt que riches, car les espoirs des instruits valent mieux que la richesse des ignorants « - **Épictète**

« Je crois aux possibilités éternelles pour la vie de s'étendre et de s'améliorer. Je suis convaincu que tout peut être mieux « - **David Mezzapelle**

« Le temps est trop lent pour ceux qui attendent, trop rapide pour ceux qui ont peur, trop long pour ceux qui pleurent, trop court pour ceux qui se réjouissent, mais pour ceux qui aiment, le temps est éternité « - **Henry van Dyke**

« La lumière voyage plus vite que le son. C'est pourquoi certaines personnes semblent brillantes jusqu'à ce que vous les entendiez parler « - **Alan Dundes**

« L'égoïste ne peut pas être heureux, car il ferme son cœur aux autres. Pour être heureux, il faut s'ouvrir jusqu'à embrasser le monde entier «

« La plus grande puissance est la capacité de vous changer «
- **Ravikant naval**

« Faites ce que vous ressentez dans votre cœur pour être juste, car vous serez critiqué de toute façon « - **Eleanor Roosevelt**

«Le contraire du courage n'est pas la lâcheté, c'est la conformité. Même un poisson mort peut suivre le courant. - **Jim Hightower**

« Chaque mot dit avec bonté est comme une goutte de rosée magnifiée par un rayon de soleil «

« Une vie passée à faire des erreurs est non seulement plus honorable, mais plus utile qu'une vie passée à ne rien faire. « - **George Bernhard Shaw**

« Le secret du bonheur est la liberté. Et le secret de la liberté est le courage «

« La peur est causée par notre imaginaire ; le réel est son antidote «

« Les défis sont ce qui rend la vie intéressante. Les surmonter est ce qui les rend significatifs «

« Un problème est une chance pour vous de faire de votre mieux « - **Duke Ellington**

« Si vous pensez que cela fonctionnera, vous verrez des opportunités. Si vous pensez que ce ne sera pas le cas, vous verrez des obstacles « - **Wayne Dyer**

« La peur rend le loup plus gros qu'il ne l'est « - **Proverbe allemand**

« L'amour n'a d'autre désir que de se réaliser. Fondre et être comme un ruisseau qui chante sa mélodie jusqu'à la nuit. Se réveiller à l'aube avec un cœur ailé et rendre grâce pour un autre jour d'amour « - **Kahlil Gibran**

« Si vous avez de la nourriture sur votre table, des vêtements sur le dos, un toit au-dessus de la tête et un rêve dans votre cœur, vous avez tout ce dont vous avez besoin dans la vie « - **Matshona Dhliwayo**

« Le courage est le prix que la vie exige pour accorder la paix. L'âme qui ne le sait pas, ne sait pas se libérer des petites choses, ne connaît pas la solitude livide de la peur « - **Amelia Earhart**

«Avant que l'homme ne tente de résoudre les secrets de l'Univers extérieur, il doit maîtriser l'Univers intérieur - le Royaume du Soi.» - **William Walker Atkinson**

« La peur n'empêche pas la mort, elle empêche la vie « - **Naguib Mahfouz**

«Arrêtez de penser à vos misères. Vous habitez dans un cimetière parce que vous vivez continuellement dans le passé. Vous pensez tout le temps à ce que vous avez eu, quand vous devriez penser à ce que vous pourriez devenir. Sortez de parmi les tombes et vivez dans la lumière du soleil de la possibilité inhérente « - **Ursula N. Gestfeld**

«Il y a un génie dans chaque homme et chaque femme, qui attend d'être engendré» - **Wallace Wattles**

66

Exige beaucoup de toi-même et attends
peu des autres. Ainsi beaucoup
d'ennuis te seront épargnés.

CONFUCIUS

« Nombreux sont ceux qui vivent bien en deçà de leurs possibilités car ils transmettent continuellement leur individualité aux autres. Voulez-vous être une puissance dans le monde? Alors soyez vous-même « - **Ralph Waldo Trine**

«Lorsque l'humilité entre dans nos âmes, nous sommes enfin capables de percevoir que nous ne vivons pas seuls au monde mais avec des millions de frères et sœurs, et que caché au cœur de chacun est le même esprit agissant « - **Uell Stanley Anderson**

«L'esprit subjectif est entièrement sous le contrôle de l'esprit objectif. Avec la plus grande fidélité, il reproduit et élabore jusqu'à ses dernières conséquences ce que l'esprit objectif lui impressionne « - **Thomas Troward**

«Dans chaque adversité, il y a la graine d'un avantage équivalent. Dans chaque défaite, il y a une leçon qui vous montre comment remporter la victoire la prochaine fois. « - **Robert Collier**

« Quand je désespère, je me souviens que tout au long de l'histoire, le chemin de la vérité et de l'amour a toujours gagné. Il y a eu des tyrans et des meurtriers, et pendant un certain temps, ils peuvent sembler invincibles, mais à la fin, ils tombent toujours. Pensez-y - toujours « - **Mahatma Gandhi**

«Un Pouvoir et une Sagesse suprêmes gouvernent l'univers. L'esprit suprême est sans mesure et imprègne un espace infini. La sagesse, le pouvoir et l'intelligence suprêmes sont dans tout ce qui existe de l'atome à la planète» - **Prentice Mulford**

«Le succès ne se mesure pas à ce que vous accomplissez, mais à l'opposition que vous avez rencontrée et au courage avec lequel vous avez maintenu la lutte contre des obstacles écrasants» - **Orison Swett Marden**

« La prière et la foi vont de pair. Si nous prions pour la santé, le bonheur ou pour que toute condition soit supprimée, nous devons avoir la foi que la liberté espérée est et c'est à nous de le sentir; ainsi la foi est la substance de ce pour quoi on prie « - **Malinda Cramer**

«L'adversaire n'est pas vraiment quelque chose d'extérieur à vous-même. Les adversaires sont la peur, la superstition, l'ignorance, le ressentiment, la jalousie, la haine, l'auto-condamnation et l'hostilité. Ces pensées négatives sont vos vrais ennemis, et elles génèrent des émotions destructrices et négatives qui se logent dans les recoins de votre esprit le plus profond, créant toutes sortes de maladies, de carences et de limitations. Rencontrez-les hardiment dans votre esprit et éradiquez-les. Demandez-vous: d'où viennent ces pensées? Font-ils partie de mon esprit? Y a-t-il un principe derrière eux? Que me font-ils? Ne sont-ils pas créés par moi-même? Vous connaissez la réponse à toutes ces questions. « - **Joseph Murphy**

« La peur est comme une loupe, elle a la détestable habitude de tout grossir «

« Concentrez-vous sur votre objectif. Ne regardez dans aucune direction que devant vous «

«Car avant tout, l'amour est un partage. L'amour est un pouvoir. L'amour est un changement qui a lieu dans notre propre cœur. Parfois, cela peut changer les autres, mais toujours cela nous change» - **James Dillet Freeman**

«Quelle proportion de l'humanité traverse la vie sans jamais vraiment penser par eux-mêmes! En fait, la plupart d'entre nous ne sont que les échos de la pensée de quelqu'un d'autre. Nous lisons l'opinion dans les journaux, ou nous l'entendons par d'autres lèvres, et nous procédons immédiatement à l'exprimer comme si c'était la nôtre» - **John H. Randall**

« N'importe quel individu peut être, avec le temps, ce qu'il désire sincèrement être, s'il se contente de mettre son visage fermement dans la direction de cette seule chose et de mettre tous ses pouvoirs au service de sa réalisation « - **Horatio W. Dresser**

«La vie est un miroir et reflétera au penseur ce qu'il y pense.» - **Ernest Holmes**
« L'homme devrait se surveiller toutes les heures pour détecter si son motif d'action est la peur ou la foi. «Choisissez aujourd'hui qui vous servirez», la crainte ou la foi. « - **Florence Scovel Shinn**

« Quand les choses vont mal, déclarez constamment que vous n'allez pas avoir peur ou être intimidé par aucune condition extérieure « - **Emmet Fox**

«L'esprit humain est bien plus fertile, bien plus incroyable et mystérieux que la terre, mais il fonctionne de la même manière. Peu importe ce que nous plantons ... le succès ... ou l'échec. Un objectif concret et valable ... ou la confusion, l'incompréhension, la peur,. Mais ce que nous plantons, doit nous retourner « - **Earl Nightengale**

«Lorsque nous apprenons à sourire de la vie, nous constatons que les problèmes que nous rencontrons se dissolvent.» - **Donald Curtis**
« Tout imbécile peut critiquer, condamner et se plaindre, mais il faut du caractère et de la maîtrise de soi pour être compréhensif et indulgent « - **Dale Carnegie**

«L'humain est un aimant, et chaque ligne, chaque point et chaque détail de ses expériences proviennent de sa propre attirance.» - **Elizabeth Towne**
« Un pays est considéré comme étant plus civilisé, plus la sagesse et l'efficacité de ses lois empêchent un homme faible de devenir trop faible ou un homme puissant trop puissant « - **Primo Levi**

«Chaque fois que vous appréciez une certaine chose, vous devenez conscient de sa vraie qualité, et chaque fois que vous devenez conscient de la qualité de quelque chose, vous commencez à développer cette qualité en vous-même.» - **Christian D. Larson**

«Il y a un monde à l'intérieur de nous - un monde de pensée, de sentiment et de pouvoir; de lumière, de vie et de beauté; et, bien qu'invisibles, ses forces sont puissantes.» - **Charles F. Haanel**

« Nous nous perdons en faisant, en pensant, en nous rappelant, en anticipant - perdu dans un labyrinthe de complexité et un monde de problèmes. La nature peut nous montrer le chemin du retour, le moyen de sortir de la prison de nos propres esprits « - **Eckhart Tolle**

« La science ésotérique postule l'existence du Grand Absolu, qui peut être conçu comme une mer de force illimitée mais latente qui sous-tend toutes choses et d'où toutes choses tirent leur substance et tirent leur vie « - **Dion Fortune**

« La magie est la science et l'art de provoquer un changement conformément à la volonté « - **Aleister Crowley**

« L'action engendre la confiance et le courage. Si vous voulez vaincre la peur, ne restez pas à la maison a y penser. Sortez de chez vous et occupez-vous. Celui qui n'est pas assez courageux pour prendre des risques n'accomplira rien dans la vie. Le courage est ce qu'il faut pour se lever et parler. Et le plus important, ayez le courage de suivre votre cœur et votre intuition «

« La règle d'or de la conduite est la tolérance mutuelle, car nous ne penserons jamais tous de la même façon, nous ne verrons qu'une partie de la vérité et sous des angles différents « - **Gandhi**

« Le changement ne se produira jamais lorsque les gens n'ont ni la capacité ni le courage de se voir tel qu'ils sont « - **Bryant McGill**

« La permanence, la persévérance et la persistance malgré tous les obstacles, les découragements et les impossibilités: c'est cela qui distingue en toutes choses l'âme forte du faible « - **Thomas Carlyle**

« L'excellence de l'âme est la compréhension; car l'homme qui comprend est conscient, dévoué et déjà divin « - **Hermès Trismégiste**

« La vie est comme traverser un ruisseau sur un chemin de pierres de gué; s'il vacille, reculez et réévaluez le chemin mais continuez toujours à avancer « - **Robert D Blum**

« Vous êtes un cadeau, alors ouvrez-vous tous les jours pour voir la beauté avec amour, émerveillement et ressentez la joie. - **Debasish Mridha, M.D.**

« Même si vous êtes dans un labyrinthe et arrivez dans une impasse, vous avez le choix; Changez de cap et cherchez une autre sortie ou abattez le mur. C'est ton choix « - **Terpsichore Lindeman**

« Ne soyez pas découragé par un échec. Cela peut être une expérience positive. L'échec est, en un sens, la voie du succès, dans la mesure où toute découverte de ce qui est faux nous conduit à rechercher sérieusement ce qui est vrai, et chaque nouvelle expérience indique une forme d'erreur que nous éviterons soigneusement par la suite « - **John Keats**

« La simplicité est la sophistication ultime « - **Léonard de Vinci**

« Laissez la beauté de ce que vous aimez, être ce que vous faites « - **Rumi**

«Lorsque vous êtes totalement en paix avec vous-même, rien ne peut vous ébranler.» - **Deepam Chatterjee**

«La différence entre l'ordinaire et l'extraordinaire est ce petit plus.» - **Jimmy Johnson**

« Votre objectif dans la vie est de trouver les personnes qui ont le plus besoin de vous, de trouver l'entreprise qui a le plus besoin de vous, de trouver le projet et l'art qui ont le plus besoin de vous. Il y a quelque chose pour vous « - **Ravikant naval**

« Difficile et significatif apportera toujours plus de satisfaction que facile et dénué de sens « - **Maxime Lagacé**

« Seigneur, faites de moi un instrument de votre paix! Là où il y a de la haine, laissez-moi semer l'amour; Là où il y a blessure, le pardon; Là où il y a doute, la foi; Là où il y a du désespoir, de l'espoir; Là où il y a des ténèbres, de la lumière; Là où il y a de la tristesse, de la joie « - **Saint François d'Assise**

« Chaque matin est un nouveau départ. Chaque jour, le monde est renouvelé. Aujourd'hui est un nouveau jour. Aujourd'hui, mon monde est devenu nouveau. J'ai vécu toute ma vie jusqu'à ce moment, pour arriver à ce jour. Ce moment - ce jour - est aussi bon que n'importe quel moment de toute l'éternité. Je ferai de ce jour - à chaque instant de ce jour - un paradis sur terre. C'est ma journée d'opportunité « - **Dan Custer**

« Le bonheur est une attitude. Soit nous nous rendons misérables, soit heureux et forts. La quantité de travail est la même « - **Anmol Andore**

« La motivation est une extase externe et temporaire qui vous POUSSE en avant. L'inspiration est une lueur interne durable qui vous POUSSE vers l'avant « - **Thomas Leonard**

« Je suis convaincu que l'attitude est la clé du succès ou de l'échec dans presque toutes les entreprises de la vie. Votre attitude - votre point de vue, ce que vous pensez de vous-même, ce que vous pensez des autres - détermine vos priorités, vos actions, vos valeurs. Votre attitude détermine comment vous interagissez avec les autres et comment vous interagissez avec vous-même « - **Caroline Warner**

« Aucun homme n'a le droit de dicter ce que les autres hommes devraient percevoir, créer ou produire, mais tous devraient être encouragés à se révéler, leurs perceptions et leurs émotions, et à développer la confiance dans l'esprit créatif « - **Ansel Adams**

« Vous êtes qui vous êtes censé être. Dansez comme si personne ne regardait. Aimez comme si c'était tout ce que vous savez. Rêve comme si tu allais vivre pour toujours. Vivez comme si vous alliez mourir aujourd'hui « - **James Dean**

« Sortez des choses à ne pas faire et des impossibles. Manifestez votre rêve. Faites fleurir votre valeur « - **Amit Ray**

« En regardant profondément à l'intérieur, nous comprenons notre équilibre parfait. Il n'y a pas de peur du cycle de la naissance, de la vie et de la mort. Car lorsque vous vous tenez dans le moment présent, vous êtes intemporel « - **Rodney Yee**

«La santé est un état d'harmonie complète du corps, de l'esprit et de l'âme. Quand on est libre des handicaps physiques et des distractions mentales, les portes de l'âme s'ouvrent. - **B.K.S. Iyengar**

« S'il y a un domaine de notre vie sur lequel nous avons un contrôle total, c'est notre pensée. D'autres peuvent influencer notre pensée; cependant, nous pouvons seuls choisir d'accepter cette influence. Chaque jour, nous avons le CHOIX d'être soit positif dans nos pensées, soit négatif. Émettre de l'énergie positive ou émettre de l'énergie négative est de notre choix « - **Andreas Simic**

« Tu veux connaître le mystérieux secret ? Alors regarde au fond de ton cœur, c'est là que le secret est dissimulé. Le secret est caché en toi; là est la source de la vie et la source de la mort « - **Hermès Trismégiste**

« Regarde bien en toi, il y a une source de puissance qui jaillira toujours si tu y regardes toujours « - **Marcus Aurelius Antoninus**

« Chaque fois qu'une personne défend un idéal, ou agit pour améliorer le sort des autres, ou se bat contre l'injustice, elle envoie une petite vague d'espoir, et se croisant à partir d'un million de centres d'énergie et d'audace différents, ces ondulations construisent un courant qui peut balayer les plus puissants murs d'oppression et de résistance « - **Robert Francis Kennedy**

« La base d'un état démocratique est la liberté. L'homme est par nature un animal politique. Le courage est la première des qualités humaines car c'est la qualité qui garantit les autres « **- Aristote**
« Un objectif est un rêve écrit avec l'intention de le réaliser « - **Bob Reish**

« L'intention d'un homme est un portrait de sa conscience « - **Professeur Salam Al Shereida**

« Le changement est le résultat final de tout véritable apprentissage. Le changement implique trois choses: d'abord, une insatisfaction envers soi-même - un vide ou un besoin ressenti; deuxièmement, une décision de changer pour combler le vide ou le besoin; et troisièmement, un dévouement conscient au processus de croissance et de changement - l'acte volontaire de faire le changement, faire quelque chose « - **Leo Buscaglia**

« Il est difficile de dire ce qui est impossible, car le rêve d'hier est l'espoir d'aujourd'hui et la réalité de demain « - **Robert H. Goddard**
« Ne priez pas pour des vies faciles. Priez pour être des hommes plus forts. Ne priez pas pour des tâches égales à vos pouvoirs. Priez pour des pouvoirs égaux à vos tâches. Alors l'accomplissement de votre œuvre ne sera pas un miracle, mais vous serez le miracle « - **Phillips Brooks**

« Dans la vie, nous apprenons de nombreuses leçons, dont la moindre est pas celle de l'amour. Nous apprenons la force à travers les épreuves, le courage des larmes, le devoir d'une amitié loyale, et peut-être plus important encore, que l'égoïsme est en fait une vertu. En restant fidèles à nous-mêmes, nous sommes libérés « - **Nicki Ley**

« Un clic de sourire donne la douceur de l'amour etembellit le monde « - **Ehsan Sehgal**

« Celui qui n'est pas content de ce qu'il a, ne se contentera pas de ce qu'il aimerait avoir « - **Socrate**

« Ceux qui sont capables de voir au-delà des ombres et des mensonges de leur culture ne seront jamais compris, et encore moins crus, par les masses « - **Platon**

« Dans l'attitude du silence, l'âme trouve le chemin sous une lumière plus claire, et ce qui est insaisissable et trompeur se résout en une clarté cristalline. Notre vie est une longue et ardue quête de la vérité « - **Mahatma Gandhi**

« Une attitude humble, courtoise et charmante est la beauté de la conversation; alors que la vérité avec honnêteté est l'âme du discours « - **Ehsan Sehgal**

« Nous avons deux oreilles et une seule langue pour entendre plus et parler moins « - **Laertius Diogène**

« Le bonheur est le sens et le but de la vie, tout le but et la fin de l'existence humaine « - **Aristote**

« De toutes les belles vérités relatives à l'âme, aucune n'est plus réjouissante ou féconde que de savoir que vous pouvez vous régénérer et faire ce que vous voulez « - **William James**

« Il y a en fait deux choses, la science et l'opinion, la première engendre la connaissance, la seconde l'ignorance « - **Hippocrate**

« Tout ce qui est en nous, qui ressent, pense, désire et anime, est quelque chose de céleste, de divin et, par conséquent, impérissable « - **Aristote**

« Notre vraie nature est divine et éternelle. Notre véritable but dans la vie est d'éveiller et de réaliser cette divinité permanente qui est en nous « - **Amit Ray**

« La valeur d'une personne est mesurée par la valeur de ce qu'elle apprécie « - **Marc Aurèle**

« La vie est une vague d'amour pour un amoureux, un cadeau pour un donateur, un drame pour un acteur et une toile pour un peintre « - **Debasish Mridha**, M.D.

« La collaboration est l'essence de la vie. Le vent, les abeilles et les fleurs travaillent ensemble pour diffuser le pollen « - **Amit Ray**

« N'abandonnez jamais. Lorsque votre cœur est fatigué, marchez simplement avec vos jambes - mais continuez « - **Paulo Coelho**

« Il n'est pas nécessaire d'être le plus grand, le plus riche, le plus célèbre, le plus cool, le plus rapide, le plus intelligent pour se démarquer - il faut juste être différent « - **Jeff Paul Smith**

« Le secret de votre réussite est déterminé par votre agenda quotidien. Tout se résume à ce que vous faites aujourd'hui « - **John C. Maxwell**

« N'attendez rien. Vivez frugalement de surprise.» — **Alice Walker**

« Répandez l'amour partout où vous allez. Que personne ne vienne jamais vers vous sans partir plus heureux.» - **Mère Teresa**

« La loi de l'attraction est plus compréhensive lorsque vous vous voyez comme un aimant obtenant de plus selon la façon dont vous vous SENTEZ « - **Abraham Hicks**

« Vous ne pouvez pas changer le monde, mais vous pouvez présenter au monde une personne améliorée - vous-même « - **Brian Tracy**

« Si vous essayez toujours d'être normal, vous ne saurez jamais à quel point vous pouvez être incroyable « - **Maya Angelou**

« Vous devez comprendre quelque chose qui libérera votre vie: vous n'avez pas besoin de l'approbation des autres pour être heureux» - **Rick Warren**

« Votre vision ne deviendra claire que lorsque vous regarderez dans votre cœur. Qui regarde dehors, rêve. Qui regarde à l'intérieur, se réveille « - **Carl Gustav Jung**

« Plus nous ressentons intensément une idée ou un objectif, plus assurément l'idée, enfouie au fond de notre subconscient, nous guidera sur le chemin de son accomplissement « - **Earl Nightingale**

« Être cool, c'est être soi-même, ne pas faire quelque chose que quelqu'un d'autre vous dit de faire « - **Vanessa Hudgens**

« La sagesse est la fille de l'expérience « - **Léonard de Vinci**

« La vie m'a appris à ne pas m'attendre à ce que le succès soit le résultat inévitable de mes efforts. Elle m'a appris à rechercher la subsistance de l'effort lui-même, mais à laisser le résultat au divin « - **Alan Stewart Paton**

« Le Chemin du Ciel est de bénéficier les autres et non de blesser. La Voie du sage est d'agir mais pas de rivaliser « - **Lao Tzu**

« Libérez votre esprit et le reste suivra. Soyez daltonien, ne soyez pas si superficiel « - **En Vogue**

« La vraie éducation devrait nous éduquer hors de soi en quelque chose de beaucoup plus fin en un altruisme qui nous relie à toute l'humanité « - **Lady Nancy Astor**

« Vous ne pouvez pas toucher une cible que vous ne pouvez pas voir, et vous ne pouvez pas voir une cible que vous n'avez pas.»- **Zig Ziglar**

« N'ayez pas peur d'entrer dans l'inconnu. Car là où il y a du risque, il y a aussi de la récompense « - **Lori Hard**

« Rêver de succès, c'est se fixer un objectif là où l'on veut être; se réveiller, passer à l'action et y parvenir, c'est le véritable succès « - **Idowu Koyenikan**

« La pire chose que l'on puisse faire est de ne pas essayer, d'être conscient de ce que l'on veut et de ne pas y céder, de passer des années dans une souffrance silencieuse à se demander si quelque chose aurait pu se matérialiser - sans le savoir « - **Jim Rohn**

« Les nuages flottent dans ma vie, non plus pour porter la pluie ou la tempête, mais pour ajouter de la couleur à mon coucher de soleil « - **Rabindranath Tagore**

« Céder aux demandes des autres tout le temps vous prive de votre initiative, de votre indépendance et, finalement, de votre satisfaction.» - **Vindy Teja**

« L'esprit le plus puissant est l'esprit calme. C'est l'esprit qui est présent, réfléchi, attentif à ses pensées et à son état. Il n'est pas souvent multitâche, et quand il le fait, il le fait avec un but « - **Maria Konnikova**

« C'est assez facile d'être agréable quand la vie passe comme une chanson. Mais l'homme qui en vaut la peine est celui qui peut sourire, quand tout va mal. Car l'épreuve du cœur est troublée, Et elle vient toujours avec les années. Et le sourire qui vaut les louanges de la terre est le sourire qui brille à travers les larmes « - **Ella Wheeler Wilcox**

« Chaque grande décision crée des vagues - comme un énorme rocher tombé dans un lac. Les vagues fusionnent, rebondissent sur les banques de manière imprévisible. Plus la décision est lourde, plus les vagues sont grosses, plus les conséquences sont incertaines « - **Benjamin Disraeli**

« Vous pouvez vous faire plus d'amis en deux mois en vous intéressant à d'autres personnes qu'en deux ans en essayant de vous intéresser à d'autres personnes.» - **Dale Carnegie**

« Reconnaissez le monde en vous-même. Ne vous regardez jamais dans le monde, car ce serait projeter votre illusion « - **Proverbes égyptiens antiques**

« Les gens qui s'envolent sont ceux qui refusent de s'asseoir, qui soupirent et souhaitent que les choses changent. Ils ne se plaignent pas de leur sort ni ne rêvent passivement de l'arrivée d'un navire lointain. Au contraire, ils visualisent dans leur esprit qu'ils ne sont pas des renonceurs, ils ne permettront pas aux circonstances de la vie de les pousser vers le bas et de les retenir « - **Charles R. Swindoll**

« La destinée, le sort et les rêves, ces idéaux inarrêtable sont profondément ancrés dans le cœur de l'homme ; tant qu'il y a des gens qui recherchent la liberté dans cette vie; ces choses ne disparaîtront pas de la terre « - **Gold Rodgers**

« L'énergie de l'amour, en tant que mère nature de l'énergie, n'est ni créée ni détruite, alors assurez-vous de la diriger vers les destinataires voulus. Ou bien, éternellement, il vivra en vous, que vous soyez avec eux ou non « - **Pharoah Moe**

« Vous êtes qui vous êtes et personne ne peut changer cela. Soyez donc vous-même, car personne ne peut le faire mieux « - **Meylin D. Bojorge**

« Mon cerveau n'est qu'un récepteur, dans l'Univers il y a un noyau à partir duquel nous obtenons des connaissances, de la force et de l'inspiration. Je n'ai pas pénétré dans les secrets de ce noyau, mais je sais qu'il existe « - **Nikola Tesla**

« Dans notre parcours de vie, l'inattendu peut nous faire penser ou nous surprendre. Cela peut nous faire penser quand nous sommes touchés par des choses que nous pensons reconnaître et nous donner un bon sentiment. Cela peut nous surprendre lorsque nous découvrons des choses qui ouvrent une nouvelle vision du monde et nous offrent une expérience imprévue.» - **Erik Pevernagie**

«Et encore, après tout ce temps, Le soleil ne dit jamais à la terre : «Tu me dois.» Regardez ce qui se passe avec Un amour comme ça, Il éclaire le ciel entier. « - **Hafiz**

« Nous considérons ces vérités comme sacrées et indéniables, que tous les hommes sont créés égaux et indépendants, que de cette création égale ils tirent des droits inhérents et inaliénables, parmi lesquels la préservation de la vie, la liberté et la poursuite du bonheur « - **Thomas Jefferson**

« Apprenez l'art de la patience. Appliquez de la discipline à vos pensées lorsqu'elles s'inquiètent du résultat d'un objectif. L'impatience engendre l'anxiété, la peur, le découragement et l'échec. La patience crée la confiance, la détermination et une perspective rationnelle, ce qui mène finalement au succès.» - **Brian Adams**

« Un homme sage devrait considérer que la santé est la plus grande des bénédictions humaines et apprendre comment, par sa propre pensée, tirer profit de ses maladies « - **Hippocrate**

« Vous ne devenez pas exceptionnel en travaillant sur vos faiblesses. Vous devenez exceptionnel en vous concentrant entièrement sur vos points forts. « — **Gordana Biernat**

« Ce que vous pensez ou dites d'une autre personne, ce que vous faites à une autre personne - vous le faites à vous mêmes. Donnez votre jugement et vos critiques et vous vous les donnez. Donnez de l'amour et de l'appréciation à une autre personne ou à quoi que ce soit, et vous le donnez à vous-même. « - **Rhonda Byrne**

« Ne soyez pas passif. Agissez. Ayez des intérêts, si vous voulez être heureux. Ne laissez pas la vie vous arriver « - **Marty Rubin**

« Il est facile de se plaindre de votre vie - à quel point elle est difficile, à quel point elle est injuste, à quel point elle est stressante, à quel point tout le monde l'a beaucoup mieux. Mais si vous entrez dans la vie de quelqu'un que vous enviez pour une seule journée, vous découvrirez que tout le monde a ses propres problèmes, et ils sont généralement pires que les vôtres. Parce que vos problèmes sont conçus spécialement pour vous, dans le but précis de vous aider à grandir. « - **Kevin Hart**

«Lorsque vous abandonnez la douleur passée, croyez en vous et suivez vos rêves - vous pouvez trouver le vrai bonheur!» - **Casi McLean**

«N'autorisez pas vos pensées négatives en leur donnant des» jambes «afin qu'elles puissent courir autour de votre esprit, créant des soucis, des frustrations et de l'anxiété dans votre vie.» - **Rodolfo Costa**

« La vie est vraiment très simple. À chaque instant, nous avons la possibilité de choisir entre dire «oui» ou «non», écouter notre intuition, écouter notre vraie voix intérieure, la voix existentielle en nous-mêmes. Quand nous disons «oui», nous sommes en contact avec l'Existence et nous recevons de la nourriture, de l'amour, de la joie, du soutien et de l'inspiration. Lorsque nous disons «non», nous créons une séparation de la vie et commençons à créer des rêves et des attentes sur la façon dont cela devrait être. Nous commençons à vivre dans les souvenirs du passé et dans les fantasmes de l'avenir - comme si n'importe quel autre moment qu'ici et maintenant pouvait vraiment nous rendre heureux et satisfaits. « - **Swami Dhyan**

« C'est un énorme mur qui est construit entre vous et vos rêves. Et si, tous les jours, vous en gruger un morceau ... Cela peut prendre dix ans, mais vous pourriez éventuellement voir de la lumière. « - **Edward Burns**

« Il n'est jamais trop tard pour changer votre vie pour le mieux. Vous n'avez pas à prendre d'énormes mesures pour changer votre vie.

Même les plus petits changements dans votre routine quotidienne peuvent faire une grande différence dans votre vie « - **Roy T. Bennett**

«Un changement incroyable se produit dans votre vie lorsque vous décidez de prendre le contrôle de ce que vous avez le pouvoir au lieu de vouloir contrôler ce que vous n'avez pas.» - **Steve Maraboli**

«Il y a quelque chose dans l'univers qui répond à une pensée courageuse et intrépide. Le pouvoir qui détient et qui fait bouger les étoiles dans leur course, se bat pour les courageux et les droits. Le courage a du pouvoir et de la magie. « - R**alph Waldo Trine**

«Par la pensée, la chose que vous voulez vous est apportée; par l'action, vous la recevez. « - **Wallace D. Wattles**

« Mieux vaut mourir en combattant pour la liberté, que d'être prisonnier tous les jours de votre vie.» - **Bob Marley**

« Je trouverai ma paix et mon bonheur en recherchant la vérité, la sagesse et l'amour, et non en recherchant des sensations fortes, des richesses, des titres ou la renommée.» - **Mark Divine**

« Les rêves sont le catalyseur des objectifs, que ce soit pour guérir, grandir, apprendre, créer, imaginer ce qui pourrait être ou s'efforcer de le réaliser. Les rêves sont le moteur de la réussite, de l'impossible et de le rendre réel et possible. « - **Angel M.B. Chadwick**

« Soyez patient avec vous-même. Il vous a fallu des années pour former les mauvaises habitudes de pensée dont vous ne voulez plus. Cela prendra un peu de temps de former de nouvelles et meilleures pensées. Mais je vous promets ceci: même un léger mouvement dans cette direction vous apportera un peu de paix. Plus vous y appliquez d'efforts, plus vite vous trouverez votre bonheur, mais vous recevrez immédiatement des récompenses « - **Holly Mosier**

«Si la vie est une tasse de thé, la gratitude est le miel qui la rend sucré.» - **Natasha Potter**

« Je salue les hauts et les bas (de la vie). Une vie incontestée est une vie inchangée. Une personne qui ne rencontre aucune résistance ne gagne aucune force. Une vie déterminée et bénie peut être retardée, mais pas refusée « - **Steve Maraboli**

«L'évolution humaine est essentiellement la progression de la collecte d'informations (connaissances) et de la conscience, ou l'avancement de la sagesse. Une personne sage est disposée à apprendre à toutes les étapes de la vie en utilisant ses capacités cognitives ouvertement pour examiner des croyances contradictoires et fusionner rationnellement diverses écoles de pensée en une philosophie vivante, développant au fil du temps une méthode logique et systématique pour se maintenir et s'évaluer afin d'aider une personne non seulement à survivre, mais aussi à prospérer. « - **Kilroy J. Oldster**

« Soyez humbles car vous êtes faits de terre. Sois noble, car tu es fait d'étoiles « - **Proverbe serbe**

« Vous vous regardez et vous vous acceptez pour qui vous êtes, et une fois que vous vous acceptez pour qui vous êtes, vous devenez une meilleure personne « - **Oprah Winfrey**

«Les créatures qui habitent cette terre - qu'il s'agisse d'êtres humains ou d'animaux - sont là pour contribuer, chacune à sa manière, à la beauté et à la prospérité du monde.» - **Dalaï Lama**

« Le regret est contre-productif. C'est regarder en arrière un passé que vous ne pouvez pas changer. Remettre en question les choses au fur et à mesure qu'elles se produisent peut éviter des regrets à l'avenir « - **Colleen Hoover**

«La voie du juste milieu n'est pas suivie. Les hommes intelligents vont au-delà, les ignorants restent en deçà. Les sages veulent trop faire, et l'homme de peu pas assez. C'est ainsi que tout homme boit et mange, et peu savent juger des saveurs." - **Confucius**

«Nous avons tous des pensées négatives de temps en temps, mais nous pouvons choisir de ne pas y habiter et de ne pas les laisser nous contrôler.» - **Roy T. Bennett**

«Tout est en votre pouvoir, et votre pouvoir est en vous. « - **Janice Trachtman**

« Notre grande aventure humaine est l'évolution de la conscience. Nous sommes dans cette vie pour agrandir l'âme, libérer l'esprit et éclairer le cerveau « - **Tom Robbins**

« Parcourez le monde avec assurance et honnêteté. Apprenez à aimer le fait qu'il n'y a personne d'autre comme vous « - **Daniel Radcliffe**

« L'amour est comme le vent, vous ne pouvez pas le voir mais vous pouvez le sentir « - **Nicholas Sparks**

« Il existe deux forces de motivation fondamentales: la peur et l'amour. Quand nous avons peur, nous nous retirons de la vie. Quand nous sommes amoureux, nous nous ouvrons à tout ce que la vie a à offrir avec passion, excitation et acceptation. Nous devons apprendre à nous aimer d'abord, dans toute notre gloire et nos imperfections. Si nous ne pouvons pas nous aimer, nous ne pouvons pas nous ouvrir pleinement à notre capacité à aimer les autres ou à notre potentiel de créer. L'évolution et tous les espoirs d'un monde meilleur reposent sur l'intrépidité et la vision à cœur ouvert des gens qui embrassent la vie. « - **John Lennon**

«Simplicité, patience, compassion. Ces trois-là sont vos plus grands trésors. Simple en actions et en pensées, vous retournez à la source de l'être. Patient avec ses amis et ses ennemis,vous êtes d'accord avec la façon dont les choses sont. Compatissant envers vous-même, vous réconciliez tous les êtres du monde. « - **Lao Tzu**

« Je suis assez artiste pour puiser librement dans mon imagination. L'imagination est plus important que la connaissance. Les connaissances sont limitées. L'imagination entoure le monde. « - **Albert Einstein**

« Vous êtes ici pour vivre VOTRE vie, de VOTRE façon et selon VOS conditions, pas pour les personnes pour lesquelles vous travaillez, pas pour les gens des médias, et pour ne pas vivre dans la petite boîte dans laquelle la société peut vous avoir placé « - **Steven Aitchison**

« Nous avons tendance à oublier que le bonheur ne vient pas du fait d'obtenir quelque chose que nous n'avons pas, mais plutôt de reconnaître et d'apprécier ce que nous avons « - **Frederick Koenig**

« C'est votre place dans le monde; c'est ta vie. Continuez et faites tout ce que vous pouvez avec, et faites-en la vie que vous voulez vivre « - **Mae Jemison**

«Tout comme un nuage bloque momentanément le soleil, les émotions et les pensées (lorsqu'elles sont activement ressenties, pensées ou poursuivies) bloquent temporairement l'éclat de l'esprit.» - **Ian Tuhovsky**

«Chaque émotion négative est un signe pointant vers un problème qui nécessite votre attention» - **Ian Tuhovsky** « Tout l'expérience du monde, y compris la matière, est la manifestation matérielle de formes transcendantes de conscience « - **Amit Goswami**

« Vous êtes une belle âme enveloppée dans un corps humain. C'est votre travail de déballer et de retrouver votre âme « - **Steven Aitchison**

« Parfois, être réel signifie autoriser la douleur ou accepter une vérité douloureuse. Pourtant, quelque chose en nous s'aligne sur un fond intérieur d'authenticité quand nous sommes réels. Nous l'aimons en raison de sa justesse inhérente à notre âme, du sens de «Aha, me voici et il n'y a rien d'autre à faire que d'être « - **A.H. Almaas**

« Lorsque nous nous concentrons sur nous-mêmes, notre monde se contracte alors que nos problèmes et nos préoccupations se profilent. Mais lorsque nous nous concentrons sur les autres, notre monde se développe. Nos propres problèmes dérivent à la périphérie de l'esprit et semblent donc plus petits, et nous augmentons notre capacité de connexion - ou d'action compatissante. « - **Daniel Goleman**

« Votre croyance est une conviction profonde qui convainc le subconscient de quelque chose qui est censé être vrai. Cela ne veut pas dire que c'est vrai; cela signifie simplement que c'est vrai pour vous. « - **Scott Allan**

« Notre monde extérieur reflète nos engagements intérieurs. Si nous voulons savoir à quoi nous sommes vraiment attachés, tout ce que nous avons à faire est de regarder nos vies. Que nous en soyons conscients ou non, nous créons toujours exactement ce à quoi nous nous engageons le plus. « - **Nancy Levin**

« Tout ce qui se passe dans ma vie - le positif et ce qui semble être le négatif - me mène quelque part pour mon plus grand bien « - **Tammy Mastroberte**

« Ne vous attendez pas à être motivé chaque jour pour sortir et faire bouger les choses. Tu ne le seras pas. Ne comptez pas sur la motivation. Comptez sur la discipline « - **Jocko Willink**

« Alignez-vous avec des gens dont vous pouvez apprendre, des gens qui veulent plus de la vie, des gens qui cherchent et demandent une vie plus élevé « - **Les Brown**

« Lorsque vous vous tenez au bas de la montagne et que vous regardez le sommet de la montagne, le chemin semble dur et rocailleux, et le sommet est obscurci par les nuages. Mais quand vous atteignez le sommet et que vous regardez en bas, vous vous rendez compte qu'il y a mille chemins qui auraient pu vous amener à cet endroit. « - **Roz Savage**

« Vivre dans un état constant de gratitude, c'est vivre dans la joie. Même les défis et les épreuves ne vous empêchent pas de ressentir de la joie lorsque vous êtes dans un état de crainte et de gratitude pour tout dans la vie. En fait, ils ne servent qu'à approfondir votre joie « - **Aaron Kennard**

« Malheureusement, notre société permet de plus en plus à la créativité et à l'imagination des enfants de tomber en faveur de la consommation passive des médias sociaux et de la télévision ainsi que d'un apprentissage superficiel évalué par des tests standardisés - qui ne font qu'augmenter la motivation extrinsèque, souvent au détriment de passion intrinsèque « - **Scott Barry Kaufman**

« L'amour c'est renoncer au contrôle. C'est abandonner le désir de contrôler l'autre personne. Les deux - l'amour et le pouvoir de contrôle sur l'autre personne - s'excluent mutuellement. Si nous voulons vraiment aimer quelqu'un, nous devons abandonner tous désirs de vouloir manipuler la relation. « - **Rob Bell**

« J'ai appris à être plus gentil avec moi-même, à imaginer que je suis mon propre meilleur ami, en chuchotant des mots réconfortants à mon oreille et en noyant les voix du doute et de l'autocritique. J'ai appris à reconnaître et à apprécier les 98% que j'ai atteints au lieu des 2% que je n'ai pas atteints. « - **Roz Savage**

« Vous façonnez le jardin de votre esprit en plantant des choses spécifiques de votre environnement, telles que les livres que vous lisez, les expériences que vous avez et les gens avec qui vous vous entourez « - **Benjamin Hardy**

« Malgré l'ouverture, la paix et l'amour que vous tentez d'être, les gens ne peuvent que vous rencontrer, aussi profondément qu'ils se sont rencontrés. C'est le cœur de la clarté « - **Matt Kahn**

« Quand vous croyez, ce en quoi vous croyez vous trouve. Tant que vous croyez, vous êtes connecté à l'énergie de l'amour lui-même. Tant que vous gardez cette foi, l'amour vous trouvera. « - **Cassady Cayne**

« Nous gaspillons tellement d'énergie à essayer de dissimuler qui nous sommes lorsque sous chaque attitude se trouve le désir d'être aimé, et sous chaque colère se cache une blessure à guérir et sous chaque tristesse se trouve la peur qu'il n'y aura pas assez de temps « - **Mark Nepo**

« Quand vous pensez à des pensées qui vous font du bien, vous êtes en harmonie avec qui vous êtes vraiment « - **Abraham Hicks**

« Vous pouvez changer vos actions, mais ces actions ne resteront pas fixes comme une habitude à moins que vous ne changiez les pensées sous-jacentes qui vous ont empêché d'apporter des changements positifs en premier lieu. Bref, votre vie ne s'améliorera que dans la mesure où votre façon de penser s'améliore. « - **Beau Norton**

« Chaque défi est insurmontable jusqu'à ce que quelqu'un y fasse quelque chose. Activez votre imagination, votre passion, votre désir et faites quelque chose « - **Ralph Marston**

« Chaque fois que vous vous dites que vous ferez quelque chose mais que vous ne le faites pas, votre estime de soi en souffre. Si vous le faites à plusieurs reprises, les promesses vides que vous vous faites perdent leur pouvoir. Si vous savez que tout ce que vous promettez ne se fera pas, quel est l'intérêt de vous faire des promesses? Ne pas tenir tes promesses vous fera finalement arrêter de vous fixer des objectifs. « - **Thibaut Meurisse**

"

Dans la vie on ne fait pas ce que
l'on veut, mais on est responsable
de ce que l'on est.

JEAN PAUL SARTRE

« La créativité est un trait intrinsèquement humain qui nous a permis de dominer notre environnement et de nous frayer un chemin jusqu'au sommet de la chaîne alimentaire.» - **Harry Hoover**

« L'inquiétude découle de la non-confiance en soi. Ne faisant pas confiance que vous serez en mesure de gérer toute situation telle qu'elle se présente dans un proche avenir. Cela découle également de quelque chose de plus grand - ne pas faire confiance à l'Univers pour vous fournir ce qui est requis au bon moment. Par conséquent, faites-vous confiance ~ vous êtes assez bon pour vous botter le cul à chaque instant, et faites en sorte que l'Univers vous fournisse les bonnes choses au bon moment! Lorsque vous faites confiance et que vous savez que cela est vrai, il n'y a pas d'espace et pas besoin de doute ou d'inquiétude. « - **Michael Hetherington**

«Vous gagnez votre confiance en vous et votre efficacité en faisant face à vos responsabilités TOUS LES JOURS et en surmontant les défis que la vie vous apporte au quotidien.» - **Ian Tuhovsky**

« Ralentissez et profitez de la vie. Ce n'est pas seulement le paysage qui vous manque en allant trop vite - vous manquez également le sens de l'endroit où vous allez et pourquoi « - **Eddie Cantor**

« Je crois que l'obscurité est un processus de naissance et que, pour trouver votre lumière, vous devez d'abord vous aventurer à travers les ombres de votre ego. Je crois que pour être une lumière dans le monde, vous devez d'abord démontrer qui vous êtes vraiment, puis le montrer courageusement à tous ceux qui vous entourent. « - **Rebecca Campbell**

«Le changement se produit lorsque la douleur de s'accrocher devient plus grande que la peur de lâcher prise» - **Spencer Johnson**

« Pour découvrir votre véritable potentiel, vous devez d'abord trouver vos propres limites, puis vous devez avoir le courage de les dépasser « - **Picabo Street**

«Lorsque nous remplissons notre fonction, qui est de nous aimer vraiment et de partager l'amour avec les autres, alors le vrai bonheur s'installe.» - **Gabrielle Bernstein**

« Le paradis sur Terre est un choix que vous devez faire, pas un endroit que vous devez trouver « - **WAYNE DYER**

« Ce que je veux dans ma vie, c'est de la compassion, un flux entre moi et les autres basé sur un don mutuel du cœur « - **Marshall B. Rosenberg**

« La conscience émotionnelle est la capacité de se concentrer sur ce que vous ressentez, de comprendre pourquoi vous vous sentez d'une manière particulière et de donner à chaque sentiment une étiquette. Les personnes émotionnellement intelligentes n'ont peur d'aucune émotion. Ils savent que les sentiments sont une partie naturelle et normale de l'expérience humaine « — **Judy Dyer**

« Votre cerveau est façonné par les réalités du monde dans lequel vous vous trouvez, y compris le monde social créé par accord entre les gens. (...) vous percevez le monde non pas dans un sens objectivement précis mais à travers l'objectif de vos propres besoins, objectifs et expériences antérieures « - **Lisa Feldman Barrett**

« Il n'existe pas de cause perdue et il n'est jamais trop tard pour recommencer. Une lueur d'espoir dans le cœur est capable d'éclairer le chemin vers un nouveau destin. « - **Tiffany Jenkins**

« Prendre soin de soi n'est pas égoïste. Cela est nécessaire. Le problème est que si vous dites constamment oui aux autres, en mettant vos priorités avant les vôtres, vous n'aurez ni le temps ni l'énergie pour prendre soin de vous. Et vous deviendrez lentement irrité, cynique et misérable « - **Damon Zahariades**

« Nous ne nous contentons pas de raconter des histoires parce que nous le voulons... nous le devons. C'est une pulsion humaine biologique. En fait, nous sommes tellement câblés pour raconter des histoires que nous le faisons même dans notre sommeil. C'est pourquoi nous rêvons « - **Faith G. Harper**

« Si être un égo-maniaque signifie que je crois en ce que je fais et dans mon art ou dans ma musique, alors à cet égard vous pouvez m'appeler comme cela … Je crois en ce que je fais et je le dis. « – **John Lennon**

« Ne gaspillez pas votre énergie en essayant d'éduquer ou de changer les opinions, passez outre et les opinions changeront automatiquement lorsque vous serez le patron. Ou pas. On s'en fiche.Faites vos affaires et ne vous préoccupez pas s'ils aiment ou pas. « – **Tina Frey**

« Je me sens toujours heureux, savez-vous pourquoi ? Parce que je n'attends rien de personne. Les attentes font toujours mal, la vie est courte. Aimez votre vie, soyez heureux, gardez le sourire, et souvenez-vous : avant de parlez, écoutez. Avant d'écrire, réfléchissez. Avant de prier, pardonnez. Avant de blesser, considérez l'autre. Avant de détester, aimez et, avant de mourir, vivez « - **William Shakespeare**

« Jouer petit ne sert pas le monde. Se rétrécir devant les autres pourqu'ils ne se sentent pas en insécurité ne fait pas preuve d'une attitude éclairée. Nous sommes tous voués à briller, comme le font les enfants. « – **Marianne Williamson**

« Croyez-en vous-même et il viendra un jour où les autres n'auront pas d'autre choix que de croire en vous. « - - **Cynthia Kersey**

« Les grands esprits ont toujours fait face à de violentes oppositions de la part d'esprits médiocres. L'esprit médiocre est incapable de comprendre l'homme qui refuse de se plier aveuglément aux préjugés traditionnels et choisit plutôt d'exprimer ses opinions courageusement et honnêtement. « - **Albert Einstein**

« Notre vie est un voyage constant, de la naissance à la mort, le paysage change, les gens changent, les besoins se transforment, mais le train continue. La vie, c'est le train, ce n'est pas la gare. «

« Il n'est jamais trop tard, peu importe votre âge, car à tout moment ou à tout moment de votre vie, vous pouvez toujours avoir une chance de faire la différence. Vous pouvez toujours faire un changement pour le mieux, quel que soit d'ou vous venez. Vous pouvez toujours faire de votre mieux et être tout ce que vous pouvez être parce que vous serez toujours unique. C'est pourquoi il est toujours sage d'écouter votre cœur éternel, vos instincts éternels, et ce qu'il a toujours cherché et / ou fait parce que n'importe qui peut vraiment faire la différence non seulement dans sa propre vie mais dans celle des autres. Il n'est jamais trop tard pour briller; jamais.» - **George Eliot**

«Ignorer, rejeter ou supprimer vos émotions ne vous en débarrasse pas; cela les enterre. Cela les replie pour s'envenimer et ressuciter plus tard. Lorsque vous reconnaissez et validez vos émotions à la place, vous supprimez le jugement - les réponses «Je suis mauvais», «c'est faux» ou «Je ne devrais pas» - et permettez à vos expériences de circuler à travers vous. Cela vous aide à calmer le critique intérieur et à vivre une vie plus présente et plus agréable. « - **Michael S. Sorensen**

« Être écouté et entendu est l'un des plus grands désirs du cœur humain. Et ceux qui apprennent à écouter sont les plus aimés et les plus respectés. « - **Richard Carlson**

« L'une des formes de respect les plus sincères est en fait d'écouter ce que l'autre a à dire.» – **Bryant H. McGill**

« Derrière le besoin de communiquer, il y a le besoin de partager. Derrière le besoin de partager, il y a le besoin d'être compris. « – **Leo Rosten**

« L'émotion la plus ancienne et la plus forte de l'humanité est la peur, et la peur la plus ancienne et la plus forte est la peur de l'inconnu.» - **H. P. Lovecraft**

« La pleine conscience consiste à être conscient de ou à attirer l'attention sur ce moment dans le temps, délibérément et sans juger l'expérience. Ainsi, lorsque nous nous promenons en pleine conscience, nous remarquons vraiment chaque petit détail et tout ce que nous rencontrons - des arbres, des voitures, des fleurs qui poussent à partir de petites fissures ou un chat qui traverse la route - plutôt que de créer des listes de tâches à faire. « - **Patrizia Collard**

« Une partie de la connaissance de soi-même consiste à se méconnaître - à abandonner les histoires limitatives que vous vous êtes racontées sur qui vous êtes afin de ne pas être piégé par elles, afin que vous puissiez vivre votre vie et non l'histoire sur votre vie que vous vous racontez « - **Lori Gottlieb**

« Le bonheur est cet état de conscience qui procède de la réalisation de ses valeurs « - **Ayn Rand**

« La connaissance, c'est le pouvoir: vous l'entendez tout le temps, mais la connaissance n'est pas le pouvoir. Ce n'est que du pouvoir potentiel. Elle ne devient puissance que lorsque nous l'appliquons et l'utilisons. « - **Jim Kwik**

« Entraînez votre esprit à se concentrer uniquement sur des pensées positives, créatives et inspirantes. Si vous entraînez votre esprit comme ça pendant un certain temps, vous verrez que les circonstances de votre vie changeront aussi. « - **Marc Reklau**

« Chantez la chanson que vous seul pouvez chanter, écrivez le livre que vous seul pouvez écrire, construisez le produit que vous seul pouvez construire... vivez la vie que vous seul pouvez vivre « - **Naval Ravikant**

« Arrêtez d'agir comme un spectateur de votre réalité. Vous êtes l'imaginateur, le rêveur et le créateur de votre réalité. Changez vos étoiles! « - **Gordana Biernat**

« Lorsque vous prenez des décisions personnelles, écoutez ce que dit votre tête, puis écoutez ce que dit votre cœur. S'ils diffèrent, suivez votre cœur. Chaque fois que vous écoutez votre cœur, vous écoutez la partie de vous qui s'intéresse le plus à votre bien-être « - **Inconnue**

« La spiritualité est le moteur de l'expansion ultime du cœur et de l'élimination de toutes les peurs, les doutes et la haine, de l'esprit « - **Amit Ray**

« Sans rêve pour éclairer votre chemin, le monde est un endroit très sombre « - **Marion Zimmer Bradley**

« Je suis de plus en plus convaincu que notre bonheur ou notre malheur dépend beaucoup plus de la façon dont nous rencontrons les événements de la vie que de la nature de ces événements eux-mêmes « **- Wilhelm von Humboldt**

« Mes cicatrices me rappellent que j'ai effectivement survécu à mes blessures les plus profondes. C'est en soi un accomplissement. Et ils évoquent aussi autre chose. Ils me rappellent que les dommages que la vie m'a infligés m'ont, à de nombreux endroits, rendu plus fort et plus résilient. Ce qui m'a blessé dans le passé m'a en fait mieux équipé pour affronter le présent. « - **Steve Goodier**

« La seule vraie prison est la peur, et la seule vraie liberté est l'absence de peur « - **Aung San Suu Kyi**

« Notre bonheur durable vient de ce que nous faisons le mieux. Vous ne pouvez savoir ce que vous êtes brillant que lorsque vous découvrez votre potentiel. Si la plupart des gens restent malheureux tout au long de leur vie, c'est parce qu'ils ne connaissent pas leur véritable potentiel et ne le nourrissent pas pour en faire une source de joie pour eux-mêmes. Ils continuent de chercher la source du bonheur dans le monde extérieur, tandis que la véritable source du bonheur est cachée en eux. « - **Awdhesh Singh**

« Je crois que la décision la plus importante que je puisse prendre au jour le jour est mon choix d'attitude. C'est plus important que mon passé, mon éducation, ma faillite, mes succès ou échecs, la gloire ou la douleur, ce que les autres pensent de moi ou disent de moi, ma situation ou ma position. L'attitude me fait avancer ou paralyse mes progrès. Elle seule alimente mon feu ou assaille mon espoir. Quand mon attitude est bonne, il n'y a pas de barrière trop haute, pas de vallée trop profonde, pas de rêve trop extrême, pas de défi trop grand pour moi « - **Charles R. Swindoll**

« Chaque fois que vous souriez, chaque fois que vous vous souciez, chaque fois que vous aimez, chaque fois que vous partagez, votre esprit dansera de joie parce que le bonheur est là « - **Debasish Mridha, M.D.**

« L'adversité peut d'abord apparaître comme l'ennemi, mais quelque part au cours de son voyage, elle réapparaîtra sous la forme d'un ami, provoquant un changement positif « - **Craig Mitnick**

« Vous devez croire en vos propres capacités, valeur et potentiel. Car, une fois que vous croyez en vous sans aucun doute vous pouvez et réaliserez des choses incroyables. Même l'impossible. Oui! la confiance en soi accélère le succès « - **Emeasoba George**

«Rien ne s'arrête - tout naît, grandit, meurt - dès l'instant où une chose atteint son apogée, elle commence à décliner - la loi du rythme est en fonctionnement constant ...» - **Kybalion: une étude de la philosophie hermétique de l'Égypte et de la Grèce antiques**

« Je suis convaincu que l'attitude est la clé du succès ou de l'échec de presque tous les efforts de la vie. Votre attitude - votre point de vue, ce que vous pensez de vous-même, ce que vous pensez des autres - détermine vos priorités, vos actions, vos valeurs. Votre attitude détermine la façon dont vous interagissez avec les autres et comment vous interagissez avec vous-même « - **Caroline Warner**

« Contrairement à la croyance populaire, la transformation ne peut pas être basée sur un seul événement, conseil, livre ou séminaire. Ces choses peuvent conduire à une nouvelle vision ou même à un changement temporaire, cependant, une véritable transformation nécessite la formation de nouveaux modes de pensée et de nouvelles habitudes comportementales. La transformation nécessite une action cohérente et du temps pour renforcer les nouvelles valeurs apprises et supprimer les anciennes. Une fois le processus de transformation terminé, il changera qui vous êtes, votre vie et la vie des gens qui vous entourent « - **Med Jones**

« Le bonheur peut être trouvé même dans les endroits les plus sombres. Si seulement on se souvient d'allumer la lumière « - **J.K. Rowling, Harry Potter**

« Le changement est le résultat final de tout véritable apprentissage. Le changement implique trois choses: premièrement, une insatisfaction à l'égard de soi - un vide ou un besoin ressenti; deuxièmement, une décision de changer pour combler le vide ou le besoin; et troisièmement, un dévouement conscient au processus de croissance et de changement - l'acte délibéré de faire le changement, de faire quelque chose « - **Leo Buscaglia**

« Le courage et la persévérance ont un talisman magique, devant lequel les difficultés disparaissent et les obstacles se dissipent dans l'air « - **John Quincy Adams**

« Il y a ces gens aujourd'hui qui vivent la même vie, jour après jour, prévisibles, sans risque, sans rêve, ce sont les critiques les plus sévères de ceux qui s'efforcent de se libérer de cette existence mondaine. Dans ce monde, trop de gens ont peur de poursuivre la vie qu'ils désirent vraiment, trop peur d'être critiqués par les autres, trop peur d'échouer, trop peur de ne pas connaître le chemin. Mais il y a aussi ceux qui choisissent de poursuivre leurs rêves, ceux qui choisissent de se rebeller, ceux qui s'efforcent d'être libres, ceux qui vivent. Rester fidèle à vous-même; libérez-vous des chaînes de la société et vivez. Puissiez-vous aussi avoir la force et le courage de poursuivre vos rêves « - **Roger Chao**

« Dans la vie, nous avons trois choix; diriger, suivre ou résister au changement. Le dernier choix est généralement le plus cher « - **Med Jones**

« L'auto-motivation sans gratitude est impossible. Notre énergie est «sapée» lorsque nous nous concentrons entièrement sur ce qui ne va pas plutôt que sur ce qui est bien dans nos vies. L'un de nos plus grands défis est de vivre et d'aimer malgré la douleur et la déception ... de trouver de la gratitude au milieu de tout cela « - **Jayadeva De Silva**

« Un verre de bonheur - Remplit tout le corps « - **Charles de LEUSSE**

« La peur suit le rythme de l'espoir. Leur mouvement ensemble ne me surprend pas non plus; tous deux appartiennent à un esprit en suspens, à un esprit dans un état d'anxiété en regardant vers l'avenir. Les deux sont principalement dus à la projection de nos pensées loin devant nous au lieu de nous adapter au présent « - **Sénèque, lettres à Lucilius V**

« S'il y a un domaine de notre vie dans lequel nous avons un contrôle total, c'est bien notre façon de penser. D'autres peuvent influencer notre pensée; mais nous seuls pouvons choisir d'accepter cette influence. Chaque jour, nous avons le CHOIX d'être positif dans notre pensée ou négatif. Émettre de l'énergie positive ou émettre de l'énergie négative est de notre choix « - **Andreas Simic**

« En regardant profondément en nous, nous comprenons notre équilibre parfait. Il n'y a aucune crainte du cycle de naissance, de vie et de mort. Car lorsque vous vous tenez dans le moment présent, vous êtes intemporel « - **Rodney Yee**

« Il n'y a personne parmi nous qui n'ait rien à gérer. Avoir une situation qui doit être surmontée peut être un défi. Avoir un test qui doit être réussi peut être un défi. Avoir une situation familiale qui doit être résolue peut être un défi. Nos vies semblent parfois être une série de défis. L'un après l'autre et parfois beaucoup simultanément. Dans tous les cas, c'est notre attitude qui détermine la façon dont nous le voyons. Choisir une bonne attitude est une bonne chose « - **Carl DeHaven**

« Pour moi, chaque vie est un tas de bonnes et de mauvaises choses. Les bonnes choses ne ramollissent pas toujours les mauvaises choses, mais vice versa, les mauvaises choses ne gâchent pas toujours les bonnes choses et ne les rendent pas sans importances « - **Docteur Who**

« Une attitude positive est censée vous donner une influence sur votre situation, plutôt que vos circonstances aient une influence sur vous. En d'autres termes, il vous faut, et jamais personne d'autre, pour décider de passer outre ou non vos circonstances défavorables. Cela implique également que c'est uniquement à vous de vous sentir dépassé ou non face à des circonstances défavorables. Par conséquent, imprégnez-vous d'une attitude positive et jamais d'un aspect négatif. Car une attitude positive mérite certainement d'être imbibée et décrite et ne vaut pas du tout la peine d'être rejetée « - **Emeasoba George**

« À la fin de la vie, la question ne sera pas de savoir combien vous avez, mais combien avez-vous donné ni combien avez-vous gagné, mais combien avez-vous fait non pas combien avez-vous économisé, mais combien avez-vous sacrifié combien avez-vous aimé et servi, pas combien avez-vous été honoré « - **Nathan C. Schaeffer**

« Ma mission dans la vie n'est pas simplement de survivre, mais de prospérer; et de le faire avec passion, compassion, humour et style. « - **Maya Angelou**

« Le changement est inévitable dans une large mesure. Oui! parce que tout le monde ou tout change avec le temps. Même si vous êtes réticent à changer personnellement, positivement, intellectuellement ou mentalement. Dieu, la vie et le temps doivent vous changer facialement, visuellement, corporellement, émotionnellement, selon l'âge, la santé et autrement. Quoi qu'il en soit, votre volonté de circuler avec un changement positif peut vous aider à être ou à devenir dynamique au plus haut niveau et, éventuellement, à vous aider à vivre et à profiter pleinement de votre vie. Ainsi, ouvrez la voie à un changement positif « **- Emeasoba George**

«La vie vous impose des choses que vous ne pouvez pas contrôler, mais vous avez toujours le choix de la façon dont vous allez vivre cela.» - **Céline Dion**

« Un rêve peut être nourri au fil des années et des années, puis s'épanouir rapidement. . . . Sois patient. Cela arrivera pour vous. Tôt ou tard, la vie se lassera de vous frapper et de garder la porte fermée, puis elle vous laissera entrer et vous organisera une vraie fête « - **Les Brown**

« Faites de l'enthousiasme un mode de vie. Faites de l'optimisme un moyen de réussite. Faites de la gratitude un chemin de bonheur « - **Debasish Mridha, M.D.**

«La résilience, c'est accepter votre nouvelle réalité, même si elle est moins bonne que celle que vous aviez auparavant. Vous pouvez le combattre, vous ne pouvez rien faire d'autre que crier sur ce que vous avez perdu, ou vous pouvez l'accepter et essayer de mettre sur pied quelque chose de bien» - **Elizabeth Edwards**

«La vie n'est pas un problème à résoudre, mais une réalité à vivre « - **Soren Kierkegaard**

« Les défis de la vie ne sont pas censés vous paralyser, ils sont censés vous aider à découvrir qui vous êtes « - **Bernice Johnson Reagon**

« La vie est parfois difficile. Et tout ce que nous devons faire est de prouver que nous sommes plus coriaces qu'elle « **- Sanhita Baruah**

« Faisons notre avenir maintenant, et faisons de nos rêves la réalité de demain « **- Malala Yousafzai**

«Si vous aimez vraiment la nature, vous trouverez la beauté partout» **- Vincent Van Gogh**

«Le secret de la joie au travail est contenu dans un mot - excellence. Savoir bien faire quelque chose, c'est en profiter.» - **Pearl Buck**

« Le bonheur, c'est abandonner ce que vous pensez que votre vie est censée ressembler et la célébrer pour tout ce qu'elle est « - **Mandy Hale**

«Le soleil nous rappelle quotidiennement que nous aussi nous pouvons nous relever de l'obscurité, que nous aussi nous pouvons faire briller notre propre lumière» - **S. Ajna**

«Fais semblant jusqu'à ce que tu y arrives! Agissez comme si vous aviez toute la confiance dont vous avez besoin jusqu'à ce qu'elle devienne votre réalité- **Brian Tracy**

« Si vous travaillez sur quelque chose qui vous tient vraiment à cœur, vous n'avez pas besoin d'être poussé. La vision vous tire « - **Steve Jobs**

« Vous n'avez pas toujours besoin d'un plan. Parfois, il vous suffit de respirer, de faire confiance, de vous laisser aller et de voir ce qui se passe « - **Mandy Hale**

« Ne rétrogradez pas votre rêve juste pour l'adapter à votre réalité. Améliorez plutôt votre conviction pour le faire correspondre à votre destin « - **John Assaraf**

« Choisir d'être positif et avoir une attitude reconnaissante va déterminer comment vous allez vivre votre vie « **- Joel Osteen**

« Le monde de la réalité a ses limites; le monde de l'imagination est sans limites « **- Jean-Jacques Rousseau**

« Votre outil numéro un sur terre, c'est vous-même; polissez, croyez et régnez sur vous.Si vous ne vous efforcez pas de vous vaincre vous-mêmes, votre plus grand ennemi sera vous-même « **- Rodolfo Martin Vitangcol**

«Soyez reconnaissant pour ce que vous avez; vous finirez par en avoir plus. Si vous vous concentrez sur ce que vous n'avez pas, vous n'en aurez jamais, jamais assez» **- Oprah Winfrey**

« La vie, ce n'est pas d'attendre que les orages passent, c'est d'apprendre comment danser sous la pluie. « **- Sénèque**

« L'inspiration vient de vous-même. Il faut être positif. Lorsque vous êtes positif, de bonnes choses se produisent « **- Deep Roy**

« Le vrai miracle n'est pas de marcher sur l'eau ou dans l'air, mais de marcher sur la terre. Chaque jour, nous sommes engagés dans un miracle que nous ne reconnaissons même pas: un ciel bleu, des nuages blancs, des feuilles vertes, les yeux noirs et curieux d'un enfant - nos deux propres yeux. Tout est un miracle « **- Chade-Meng Tan**

« Vous n'avez pas toujours besoin d'un plan. Parfois, il vous suffit de respirer, de faire confiance, de vous laisser aller et de voir ce qui se passe « **- Mandy Hale**

« Si vous avez de bonnes pensées, elles brillent sur votre visage comme des rayons de soleil et vous aurez toujours l'air ravissant « - **Roald Dahl**

« Vos attentes à l'égard de vos collègues, conjoints ou enfants peuvent faire de ces attentes une réalité… alors vous feriez mieux de toujours attendre le meilleur des autres! « - **Marc Reklau**

« Lorsque vous commencez à voir votre valeur, il vous sera plus difficile de rester avec des gens qui ne la voit pas «

«La vie n'exige pas que nous soyons les meilleurs, seulement que nous faisons de notre mieux.» - **H. Jackson Brown Jr.**

« L'amitié, comme l'amour, demande beaucoup d'efforts, d'attention, de constance, elle exige surtout de savoir offrir ce que l'on a de plus cher dans la vie : du temps! « - **Catherine Deneuve**

« Si vous mettez votre incrédulité de côté, retroussez vos manches, prenez des risques et y allez totalement, vous vous réveillerez un jour et réaliserez que vous vivez le genre de vie que vous étiez jaloux auparavant « - **Jen Sincero**

« Le bonheur vient de vivre comme vous le voulez, comme vous le souhaitez. Comme votre voix intérieure vous le dit. Le bonheur vient d'être qui vous êtes réellement au lieu de qui vous pensez être « - **Shonda Rhimes**

« Plus vous croyez en vous, plus vous vous faites confiance. Plus vous vous faites confiance, moins vous vous comparez aux autres. « - **Roy T. Bennett**

« En ce jour, je me promets de m'aimer, de me traiter comme quelqu'un que j'aime vraiment et profondément - dans mes pensées, mes actions, mes choix que je fais, mes expériences que j'ai, à chaque instant où je suis conscient, je prends la décision de m'aimer. « - **Kamal Ravikant**

« Après avoir posé les pieds sur le sol le matin, dites immédiatement cette phrase: «Ça va être une belle journée.» En prononçant ces sept mots, essayez de vous sentir optimiste et positif. « - **B.J. Fogg**

« Nous avons tous un énorme potentiel et nous avons tous pourvu de talents. Pourtant, la seule chose qui nous retient tous est un certain doute de soi. Ce n'est pas tant le manque d'informations techniques qui nous retient, mais plutôt le manque de confiance en soi. « **- Robert T. Kiyosaki**

«Vos croyances influencent vos émotions, vos émotions influencent vos actions et vos actions influencent vos RÉSULTATS!» **- Marc Reklau**

« La victoire ultime dans la compétition est dérivée de la satisfaction intérieure de savoir que vous avez fait de votre mieux et que vous avez obtenu le maximum de ce que vous devez donner « **- Howard Cosell**

«Vous ne pouvez pas nager vers de nouveaux horizons tant que vous n'avez pas le courage de perdre de vue le rivage.»**- William Faulkner** « Exposez-vous à votre peur la plus profonde; après cela, la peur n'a plus de pouvoir, et la peur de la liberté diminue et disparaît. Tu es libre. « **- Jim Morrison**

« Vous n'écrivez pas votre vie avec des mots ... Vous l'écrivez avec des actions. Ce que vous pensez n'est pas important. C'est seulement ce que vous faites qui est important. « **- Patrick Ness**

«Je crois qu'il y a un plus grand plan pour nous tous. Je suppose que l'univers conspire pour nous donner ce dont nous avons besoin, pas ce que nous voulons. « **- Scarlett Cole**

« En termes simples, le langage que vous utilisez pour décrire vos circonstances détermine la façon dont vous les voyez, les vivez et y participez et affecte considérablement la façon dont vous gérez votre vie et affrontez les problèmes, petits et grands.» **- Gary John Bishop**

«C'est un acte de courage chaque fois que vous prenez la décision d'accepter la responsabilité de chaque choix et décision que vous prenez.» - **Ruth Soukup**

« La fonction éducative est d'apprendre aux autres à penser intensément et de penser de façon critique. L'Intelligence, plus le caractère - tels sont les véritables objectifs de l'éducation « - **Martin Luther King, Jr.**

« Changez votre conception de vous-même et vous changerez automatiquement le monde dans lequel vous vivez. N'essayez pas de changer les gens. ce ne sont que des messagers qui vous disent qui vous êtes. Revalorisez-vous et ils confirmeront le changement « - **Neville Goddard**

« Le temps est libre, mais il n'a pas de prix. Vous ne pouvez pas le posséder, mais vous pouvez l'utiliser. Vous ne pouvez pas le garder, mais vous pouvez le dépenser. Une fois que vous l'avez perdu, vous ne pourrez jamais le récupérer. « - **Harvey MacKay**

«Le bonheur, c'est quand votre vie répond à vos besoins»
« Notre plus grande force réside dans notre capacité à canaliser notre énergie pour la bonne cause et à rester motivé contre toute attente. « - **Amit Ray**

«Trouvez vos ailes et suivez vos rêves ... parce que vous avez été fait pour voler.» - **Lin Rajan Thomas**

« Changez ce que vous pouvez, acceptez ce que vous ne pouvez pas et concentrez-vous sur tous les merveilleux aspects de la vie qui inspirent de bons sentiments en vous. Les choses vont bien à bien des égards, toujours. « - **Marchesa Schroeder**

« Si vous suivez votre bonheur, vous vous mettez sur une sorte de piste qui vous attend depuis toujours et la vie que vous devez vivre est celle que vous vivez. Suivez votre bonheur et n'ayez pas peur, et les portes s'ouvriront là où vous ne saviez pas qu'elles allaient être. « - **Joseph Campbell**

«Agissez comme vous aimeriez être et bientôt vous serez comme vous aimeriez agir.» - **Bob Dylan**

« Les personnes qui manquent de clarté, de courage ou de détermination pour suivre leurs propres rêves trouveront souvent des moyens de décourager les vôtres. Vivez votre vérité et ne vous arrêtez JAMAIS! « - **Steve Maraboli**

« Vos croyances affectent vos choix. Vos choix façonnent vos actions. Vos actions déterminent vos résultats. L'avenir que vous créez dépend des choix que vous faites et des actions que vous entreprenez aujourd'hui. « - **Roy T. Bennett**

« Soyez heureux de qui vous êtes et de ce que vous faites, et vous pouvez faire tout ce que vous voulez.» - **Steve Maraboli**

« L'espoir peut être une force puissante. Peut-être n'y a-t-il pas de magie réelle, mais quand vous savez ce que vous espérez le plus et que vous le tenez comme une lumière en vous, vous pouvez faire bouger les choses, presque comme par magie. « - **Laini Taylor**

« Si vous ne cherchez pas ce que vous voulez, vous ne l'aurez jamais. Si vous ne demandez pas, la réponse sera toujours non. Si vous n'avancez pas, vous serez toujours au même endroit. « - **Nora Roberts**

« La seule personne que vous êtes destiné à devenir est la personne que vous décidez d'être.» - **Ralph Waldo Emerson**

« Je pense que vous ouvrez une porte au bonheur lorsque vous abandonnez l'idée que cela inclut la sécurité et la permanence. quand vous acceptez la nature éphémère de toutes choses « - **Nitya Prakash**

« C'est un nouveau jour: soyez suffisamment ouvert pour voir les opportunités. Soyez assez sage pour être reconnaissant. Soyez assez courageux pour être heureux « - **Steve Maraboli**

« Le seul véritable test de valeurs, que ce soit des hommes ou des choses, est celui de leur capacité à faire du monde un meilleur endroit où vivre.» - **Henry Ford**

« J'adore le sentiment de ne pas être en charge et de n'avoir d'autre choix que de lâcher prise et d'espérer pour le mieux.» - **Zøe Haslie**

«La plupart des gens ne vivent pas vraiment parce qu'ils ne font pas ce qu'ils aiment vraiment.» - **Tanner Walling**

« La journée sera aussi belle que vous la ferez. Trouvez la lumière dans la journée, même si la journée n'est pas pleine de lumière. « - **Annie Chopra**

« La vie est un voyage constant. Nous passons d'un endroit à un autre. Le voyage est ce qui rend un poisson différent d'un rocher, un mouvement différent de l'immobilité, la lumière de l'obscurité, la vie de la mort. « - **Miquel Reina**

« Il est très important de savoir pourquoi vous faites ce que vous faites. Qu'est-ce que vous essayez d'atteindre? Chaque action pour être efficace doit avoir un objectif ou une raison pour laquelle elle est effectuée. Beaucoup de gens demandent des directions, mais n'ont pas de destinations. C'est pourquoi dans leur vie, ils courent en cercle ou font les mêmes choses sans succès. Ayez toujours une destination, vous trouverez de nombreuses façons de vous y rendre. « - **Kyos Magupe**

« On dit que le bonheur vient des relations qui vous entourent, mais il vient vraiment de la relation que vous entretenez avec vous-même. Si vous êtes heureux en dedans de vous, cela se reflètera à l'extérieur de vous. Votre éclat agit comme un aimant pour plus de ce que vous affichez, en particulier lorsque vous savez où briller « - **Rhiannon D. Elton**

« Ne soyez pas poussé par vos problèmes, soyez dirigé par vos rêves. Croyez en vous « - **Vasso Charalambous**

« La simple vérité que beaucoup ne réalisent pas, c'est que nous sommes bien plus que ce que nous pensons être. Ce n'est que lorsque la vie nous apporte, généralement sous forme de tragédie ou de circonstances uniques, un réveil sur notre âme, que nous prenons conscience de cette vérité « - **Mike Stagnitta**

« Les personnes accomplies ne restent jamais dans l'attente qu'ils leur arrivent quelques choses, elles préfèrent faire bouger les choses. Plus précisément, ils arrivent aux choses. « - **John Taskinsoy**

« Dominer le monde signifie conquérir l'espace autour de vous et trouver le bonheur au quotidien. Parce qu'il n'y a pas de monde réel, juste celui que vous créez « - **Jolene Stockman**

« Choisissez d'être le beau et l'unique vous et de ne pas vous comparer aux autres. Restez dans votre couloir et remplacez l'énergie de compétition par une image de réussite pour vous « - **Jackie Cantoni**

« Vous réussissez dans mon livre si vous faites ce que vous aimez pour gagner votre vie; et que vous ne devez de l'argent à personne; vous avez une place ce que vous appelez la maison; vous avez une femme / un mari, une petite amie / un petit ami ou un partenaire qui vous aime et vous respecte; et plus important encore, vous êtes entouré d'amis et de proches qui vous soutiennent dans les bons et les mauvais jours « - **John Taskinsoy**

« L'attitude est un choix. Le bonheur est un choix. L'optimisme est un choix. La gentillesse est un choix. Donner est un choix. Le respect est un choix. Quel que soit le choix que vous faites, il vous fait. Choisissez sagement « - **Roy T. Bennett**

« La motivation est le carburant de votre vie, alors ne la laissez jamais s'épuiser» - **Naeem Ul Hassan**

« Comprendre ce que vous ne voulez pas est aussi important que de savoir ce que vous voulez!» - **Jolene Stockman**

« Nous ne pouvons pas plaire à tout le monde dans la vie. Si vous savez que ce que vous faites n'est pas mauvais, si vous ne blessez personne, si ce n'est pas vraiment méchant, il n'y a pas de quoi s'inquiéter. Donnons toujours plus et ayons moins d'attentes «. - **Jyoti Patel**

« Arrêtez de vous comparer aux autres. Efforcez-vous toujours de vous améliorer pour devenir meilleur aujourd'hui que vous ne l'étiez hier, afin de servir ceux qui vous entourent et le monde « - **Roy T. Bennett**

« Le véritable miracle réside dans notre volonté de permettre, d'apprécier et d'honorer le caractère unique et la liberté de chaque être sensible de chanter le chant de son cœur « - **Amit Ray**

« Lorsque vous savez qu'il est temps de sortir d'une mauvaise situation, il suffit de le faire. Continuez à avancer et soyez fidèle à vous-même. Vous êtes le seul à pouvoir assurer votre propre bonheur « - **Carine McCandless**

« Dites à votre cœur que la peur de la souffrance est pire que la souffrance elle-même. Et qu'aucun cœur n'a jamais souffert lorsqu'il partait à la recherche de ses rêves « - **Paulo Coelho**

« Je crois en une sorte de magie de tous les jours - la connexion inexplicable que nous éprouvons parfois avec des lieux, des personnes, des œuvres d'art, etc. l'étrange pertinence des moments de synchronicité; la voix chuchotée, la présence cachée, quand on se croit seul. - **Charles de Lint**

«Plus vous savez qui vous êtes et ce que vous voulez, moins vous laissez les choses vous contrarier.» - **Stéphanie Perkins**

« En vous laissant savourer naturellement les bons sentiments est un moyen direct de transcender votre problème de limite supérieure. En augmentant votre capacité à ressentir des sentiments positifs, vous développez votre tolérance aux choses qui vont bien dans votre vie « - **Gay Hendricks**

« Quel que soit le nombre de saintes paroles que vous lisez, que vous prononciez, quel bien vous feront-elles si vos actes ne s'y conforment pas ? - **Siddharta Bouddha**

« Bousculer les habitudes, c'est encore le meilleur moyen de faire évoluer les choses». - **Cyrille Guimard**

« Rappelle-toi que tu n'es pas seul au monde. Tu dépends de mille créatures qui font le tissu de ta vie». - **Faouzi Skali**
«C'est l'ignorance, et non la connaissance, qui dresse les hommes les uns contre les autres». - **Kofi Annan**

« Lorsque nous portons notre attention sur la découverte de qui nous sommes à l'intérieur - et non de ce que nous souhaitons être ou de ce que nous pensons que nous devrions être - nous commençons un chemin sacré de transformation vers notre pouvoir incarné, innée et authentique « - **HeatherAsh Amara**

« Quand nous n'avons jamais fait quelque chose de grand avant, nos esprits ont l'illusion de ne pas pouvoir le faire, alors ils sont horrifiés de voir que nous allons au-delà de l'histoire qu'ils ont construite pour nous protéger.» - **Kyle Cease**

« Chaque fois que vous êtes sur le point de trouver quelque chose à redire à quelqu'un, posez-vous la question suivante: quelle est la faute qui soit la plus proche de celle que je vais critiquer? « - **Marc Aurèle**

«Ne crains pas que je sois avec toi - je suis, le Soi suprême éternel en toi - je suis, la conscience divine omniprésente en toi. » - **Amit Ray**

« Dans la vie, rien n'est à craindre, mais doit seulement être compris. Le moment est venu de mieux comprendre pour que nous ayons moins peur « - **Marie Curie**

« L'optimisme est la qualité la plus associée au succès et au bonheur que tout autre « - **Brian Tracy**

« La vie consiste à profiter et à apprécier les hauts tout en apprenant et en grandissant à partir du bas.» - **Jenny Blake**

« Tout ce que vous désirez est là qui attend que vous le demandiez. Tout ce que vous désirez vous désire également, mais vous devez passer à l'action pour l'obtenir». - **Jack Canfield**

« La vie est très passionnante et très excitante mais tu dois avoir le désir de t'aventurer dans le nouveau avec une foi et une confiance absolues». - **Eileen Caddy**

« L'essentialisme n'a pas pour but de faire plus de choses; il s'agit de savoir comment faire les bonnes choses. Cela ne signifie pas simplement faire moins pour le bien de moins non plus. Il s'agit de faire l'investissement le plus sage possible de votre temps et de votre énergie afin de fonctionner au maximum de nos contributions en ne faisant que ce qui est essentiel « - **Greg Mckeown**

« Ne pas avoir la meilleure situation, mais voir le meilleur dans votre situation est la clé du bonheur.» - **Marie Forleo**

« Vous changez votre vie en agissant, pas en y pensant. En fait, lorsque vous êtes étroitement associé aux actions que vous prenez, quelque chose de magique commence à apparaître. Les pensées sans actions ne sont que cela, les pensées et vos pensées négatives sur vous-même, les autres ou votre situation n'auront aucun impact sur votre succès, tant que vous les laissez là où elles se trouvent. « - **Gary John Bishop**

«Le secret de la santé de l'esprit et du corps n'est pas de pleurer sur le passé, de s'inquiéter pour l'avenir ou d'anticiper les troubles, mais de vivre le moment présent avec sagesse et sincérité» - **Bouddah**

«Ne perdez jamais un temps précieux ou la tranquillité d'esprit sur les affaires d'autrui, c'est un prix trop élevé à payer.» - **Robert Greene**

«Rappelez-vous, le moment où vous acceptez la responsabilité totale de tout dans votre vie est le moment où vous réclamez le pouvoir de changer quoi que ce soit dans votre vie.» - **Hal Elrod**

« S'il y a une seule leçon que j'ai apprise, c'est la suivante: dans la vie, nous sommes voués à perdre beaucoup de choses. C'est la nature de la vie. Ça ne fait rien. Il suffit de ne pas perdre le présent. Rien n'en vaut la peine « - **William Ury**

«Les actions parlent plus que les mots, et un sourire dit:" Je vous aime. Tu me rends heureux. Je suis content de te voir.» - **Dale Carnegie**

« Aimez la vie que vous avez pendant que vous créez la vie de vos rêves. Ne pensez pas que vous devez choisir l'un par rapport à l'autre «

«Ce dont tu as peur n'est jamais aussi grave que ce que tu imagines. La peur que vous avez laissé naître dans votre esprit est pire que la situation qui existe réellement. « - **Spencer Johnson**

« Si je me sens déprimé, je chanterai. Si je suis triste, je vais rire. Si je me sens mal, je doublerai le travail. Si j'ai peur, je vais y faire face.

Si je me sens inférieur, je porterai de nouveaux vêtements. Si je me sens incertain, je vais élever la voix. Si je me sens pauvre, je penserai à la richesse à venir. Si je me sens incompétent, je me souviendrai des succès passés. Si je me sens insignifiant, je me souviendrai de mes objectifs. Aujourd'hui, je serai maître de mes émotions « - **Og Mandino**

«La spiritualité consiste à reconnaître et à célébrer le fait que nous sommes tous inextricablement liés les uns aux autres par un pouvoir plus grand que nous tous, et que notre connexion à ce pouvoir et les uns aux autres est ancrée dans l'amour et la compassion. Pratiquer la spiritualité apporte un sens de la perspective, du sens et un but à nos vies « - **Brené Brown**

«Les êtres humains ont une volonté intérieure innée d'être autonomes, autodéterminés et connectés les uns aux autres. Et lorsque cette volonté est libéré, les gens obtiennent plus et vivent des vies plus riches « - **Daniel H. Pink**

«Rien ne vous libère comme la vérité et rien ne vous retient plus que de ne pas le savoir. La connaissance est le pouvoir; il guérit ce qui fait mal, remplit ce qui est vide, élimine ce qui est confus, allège ce qui est lourd, rassemble des amis, et convertit la poussière en or « - **Mike Dooley**

«Il y a fondamentalement deux mouvements de conscience: l'amour et la peur. L'amour permet ce qui est et la peur résiste.» - **Nirmala**

« L'intuition a toujours raison à au moins deux égards importants. C'est toujours en réponse à quelque chose, il a toujours ton intérêt à cœur « - **Gavin De Becker**

«La seule façon d'obtenir ce que vous voulez vraiment, c'est de savoir ce que vous voulez vraiment. Et le seul moyen de savoir ce que vous voulez vraiment, c'est de vous connaître vous-même. Et le seul moyen de se connaître, c'est d'être soi-même. Et le seul moyen d'être soi-même est d'écouter ton cœur. « - **Mike Dooley**

«C'est une vérité fondamentale à propos de toute pratique: si vous n'allez pas plus loin que votre zone de confort, vous ne vous améliorerez jamais.» - **Anders Ericsson**

«Les gens qui réussissent ne résistent pas au changement; ils l'embrassent de front. Chaque défaite est une chance de gagner. Chaque erreur est une chance de grandir. - **Tabatha Coffey**

«La gestion d'une crise émotionnelle conduit à une plus grande sagesse et à des avantages pour la vie. La peur de la vie est vraiment la peur des émotions. Ce ne sont pas les faits que nous craignons, mais nos sentiments à leur sujet. Une fois que nous maîtrisons nos sentiments, notre peur de la vie diminue» - **David R. Hawkins**

«Chaque moment de votre vie est infiniment créatif et l'univers est infiniment riche. Il suffit de formuler une demande suffisamment claire et tout ce que votre cœur désire doit venir à vous» - **Mahatma Gandhi**

«La patience est l'acceptation sereine que les choses peuvent se passer dans un ordre différent de celui que vous avez en tête» - **David G. Allen**

«Lorsque nous sommes dans notre tête, la seule chose que nous voulons, ce sont des distractions qui nous permettent de rester dans notre tête. Lorsque nous sommes dans notre cœur, nous nous dirigeons naturellement vers des choses qui soutiennent notre appel et notre évolution interne» - **Kyle Cease**

«Chacun de nous ressemble à ce papillon, l'effet papillon. Et chaque petit mouvement vers un état d'esprit plus positif peut envoyer des ondes de positivité à travers nos organisations, nos familles et nos communautés» - **Shawn Achor**

«Le même point de vue que vous regardez tous les jours, la même vie, peut devenir quelque chose de nouveau en mettant l'accent sur ses cadeaux plutôt que sur ses aspects négatifs. La perspective est votre propre choix et le meilleur moyen de changer cette perspective est par le biais de la gratitude, en reconnaissant et en appréciant les aspects positifs « - **Bronnie Ware**

«Notre monde extérieur reflète nos engagements intérieurs. Si nous voulons savoir ce à quoi nous sommes vraiment engagés, il nous suffit de regarder nos vies. Que nous en soyons conscients ou non, nous créons toujours exactement ce pour quoi nous sommes le plus engagé. - **Nancy Levin**

«L'amour est ce splendide déclenchement de vitalité humaine, l'activité suprême que la nature offre à n'importe qui pour sortir de lui-même vers quelqu'un d'autre».- **Jose Ortega y Gasset**

«Le changement et la croissance personnelle ont lieu quand une personne se risque elle-même et ose s'impliquer en expérimentant sa propre vie». - **Herbert Otto**

«Si vous souhaitez réussir dans la vie, faite de la persévérance votre ami intime, de l'expérience votre sage conseiller, de la prudence votre frère aîné et de l'espérance votre ange gardien». - **Joseph Addison**

«Nous ne devons pas faire faillite de notre aujourd'hui en payant des intérêts sur les regrets d'hier et en empruntant à l'avance les problèmes de demain». - **Ralph W. Sockman**

«Laissez le mental couler comme l'eau. Fait face à la Vie avec un esprit calme et tranquille et tout dans la vie sera calme et tranquille». - **Thich Thien-An**

« Être créatif signifie 'Aimer la Vie'. Vous pouvez être créatif seulement si vous aimez suffisamment la vie pour souhaiter en améliorer sa beauté. Vous désirez y apporter un peu plus de musique, un peu plus de poésie, un peu plus de Danse « - **Osho**

«Il n'y a aucune sensations plus fines dans la vie qu'une victoire sur soi-même. Aller de l'avant vers un objectif intérieur d'accomplissement, écartant tous vos vieux ennemis internes en avançant vers l'avant». - **Vash Young**

« Un sourire coûte moins cher que l'électricité, mais il donne autant de lumière « - **L'Abbé Pierre**

«À moins d'être indifférent au jugement d'autres personnes, de ne pas craindre d'être détesté par d'autres personnes et de payer le prix qu'on ne pourrait jamais reconnaître, nous ne pourrons jamais suivre notre propre mode de vie. C'est-à-dire qu'on ne pourra pas être libre. - **Ichiro Kishimi**

«Nous oublions: dans la vie, peu importe ce qui vous arrive ou d'où vous veniez. Ce qui compte, c'est ce que vous faites avec ce qui se passe et ce que vous avez reçu.» - **Ryan Holiday**

« Le monde nous voit de la façon que nous nous voyons nous-mêmes « - **David R. Hawkins**

« Ceux qui ont un «état d'esprit fixe» croient que leurs talents et leurs capacités sont gravés dans la pierre. Ceux qui ont un «état d'esprit de croissance» croient que leurs talents et leurs capacités peuvent être développés. Les mentalités fixes voient chaque rencontre comme un test de leur valeur. Les mentalités de croissance voient les mêmes rencontres comme des opportunités d'amélioration « - **Daniel H. Pink**

«Si vous êtes insécures, devinez quoi? Le reste du monde l'est aussi. Ne surestimez pas la concurrence et ne vous sous-estimez pas. Tu es meilleur que tu ne le penses» - **Timothy Ferriss**

«Peu importe votre capacité, l'effort est ce qui déclenche cette capacité et la transforme en un accomplissement.» - **Carol S. Dweck**

«Investir en soi est le meilleur investissement que vous puissiez faire. cela améliorera non seulement votre vie, mais également celle de tous ceux qui vous entourent « - **Robin S. Sharma**

«Vous changez votre vie en agissant, pas en y pensant. En fait, lorsque vous êtes étroitement associé aux actions que vous prenez, quelque chose de magique commence à apparaître. Les pensées sans actions ne sont que cela, les pensées et vos pensées négatives sur vous-même, sur les autres ou sur votre situation n'auront aucun impact sur votre succès, tant que vous les laissez là où elles se trouvent. « - **Gary John Bishop**

«Nous sommes tous parfaits à notre manière, magnifiques et foutus. Riez de vous. Aimez-vous et aimez les autres. Réjouissez vous dans ce ridicule cosmique. « - **Jen Sincero**

«Où que tu sois, à tout moment, essaie de trouver quelque chose de beau. Un visage, une ligne d'un poème, les nuages à travers une fenêtre, des graffitis, un parc éolien. La beauté nettoie l'esprit « - **Matt Haig**

«Quel que soit le but que vous souhaitiez atteindre, il y aura de l'inconfort sur votre chemin. L'autodiscipline vous conduit à travers cet inconfort et vous permet de l'atteindre. C'est un élément essentiel de la maîtrise, et rien de grand n'a été accompli sans elle. « - **Peter Hollins**

«L'une des plus grandes tragédies de la vie est de perdre son propre sens de soi et d'accepter la version de vous que tous les autres attendent.» - **Inconnu**

«L'indécision nous coûte plus que nous ne pouvons jamais imaginer. Ce coût alarmant inclut le temps, l'énergie, les ressources, le stress et le gaspillage constant de pensées excessives " - **Tommy Baker**

"

La vie est un mystère qu'il faut
vivre, et non un problème à
résoudre.

GANDHI

« Nous aimons penser à nos champions et à nos idoles comme des super-héros nés différents de nous. Nous n'aimons pas les considérer comme des personnes relativement ordinaires qui se sont faites extraordinaires « - **Carol Dweck**

« La gratitude est un antidote aux émotions négatives, un neutralisant de l'envie, de l'hostilité, de l'inquiétude et de l'irritation. C'est savourer; ce n'est pas prendre les choses pour acquises; c'est s'orienté dans le présent « - **Sonja Lyubomirsky**

« C'est lorsque nous agissons librement, pour l'action elle-même plutôt que pour des motifs ultérieurs, que nous apprenons à devenir plus que ce que nous étions. Lorsque nous choisissons un objectif et que nous nous investissons dans les limites de la concentration, quoi que nous fassions sera agréable. Et une fois que nous aurons goûté cette joie, nous redoublerons d'efforts pour la goûter à nouveau. C'est comme ça que le moi grandit « - **Mihaly Csikszentmihaly**

«Lorsque nous commençons la journée avec gratitude, nous entraînons nos esprits à rechercher les aspects positifs plutôt qu'à nous concentrer sur les défis, les frustrations et les affronts que nous avons rencontrés au cours de la semaine.» - **S.J. Scott**

«Pour nous changer efficacement, nous devons d'abord changer nos perceptions.» - **Stephen R. Covey**

«L'attitude est tout, disent-ils. . . et je crois que cela est vrai. Si nous apprenons à voir le côté positif des choses, nous vivrons plus longtemps, en meilleure santé et plus heureux. Un bon moyen de le faire est de cesser de se plaindre et de commencer à être reconnaissant " - **David R. Hamilton**

« Viser le succès, pas la perfection. N'abandonnez jamais votre droit de vous tromper, car vous perdriez ainsi la capacité d'apprendre de nouvelles choses et d'aller de l'avant avec votre vie. Rappelez-vous que la peur se cache toujours derrière le perfectionnisme. Confronter ses peurs et se donner le droit d'être humain peut, paradoxalement, faire de vous une personne plus heureuse et plus productive « - **David D. Burns**

«Ne pensez qu'aux personnes que vous aimez. Ne lisez que les livres que vous aimez et qui vous rendent heureux d'être humain. Ne participez qu'aux événements qui vous font rire ou que vous préférez. Ne traitez qu'avec les personnes qui vous aiment en retour, qui sont gagnantes et qui souhaitent que vous gagniez aussi « - **James Altucher**

«Notre culture est devenue tributaire de la solution rapide, de l'efficacité. Tout le monde est à la recherche de cet algorithme d'action simple qui génère un profit maximum avec un minimum d'effort. Il est indéniable que cette attitude peut vous donner l'apparence du succès, si vous êtes chanceux, mais elle ne mènera pas à un esprit dur ou à une maîtrise de soi. Si vous voulez maîtriser l'esprit et destituer votre gouverneur, vous devrez devenir accro au travail ardu. Parce que la passion et l'obsession, même le talent, ne sont des outils utiles que si vous avez l'éthique de travail pour les soutenir. « - **David Goggins**

«Des petits plaisirs aux grandes aspirations, ce qui rend profondément joyeux, c'est l'art de savourer, de chérir et de se remémorer ce qu'il y a de plus beau et de bon dans la vie « - **Anne van Stappen**

« Puisse chacun avoir la chance de trouver justement la conception de la vie qui lui permet de réaliser son maximum de bonheur « - **Friedrich Nietzsche**

« La vie est une bonne mère toujours aux bras ouverts, mais tenant aussi dans sa main un fouet pour le rappel à l'ordre « **- Precieux Syross Mendossa**

« Le bonheur ne s'acquiert pas, il ne réside pas dans les apparences, chacun d'entre nous le construit à chaque instant de sa vie avec son cœur « **- Proverbe Africain**

« Tout ce que vous voulez dans la vie, d'autres personnes vont le vouloir aussi. Croyez en vous-même assez pour accepter l'idée que vous avez un droit égal sur ça « - **Diane Sawyer**

« J'ai découvert que la chance est tout à fait prévisible. Si vous voulez plus de chance, prenez plus de risques. Soyez plus actif. Soyez présent plus souvent « - **Brian Tracy**

« Je suis décidé à être joyeux et heureux dans quelque situation que je me trouve. Car j'ai appris que la plus grande partie de notre misère et de notre malheur est déterminée non pas par notre situation, mais par notre décision « - **Martha Washington**

« L'optimisme c'est voir la vie à travers un rayon de soleil « - **Carmen Silva**

« Je choisis de prendre mon bien-être en urgence au lieu de prendre mon mal en patience «

« Hier n'existe plus , demain ne viendra peut-être jamais. Il n'y a que le miracle du moment présent, savoure-le. C'est un cadeau ! « - **Marie Stilkind**

« Qu'importe qui vous êtes, d'où vous venez ou combien d'argent vous possédez. Vous avez votre propre destin et votre propre vie en face de vous « - **Lady gaga**

« Nous n'avons qu'une liberté : la liberté de nous battre pour conquérir la liberté...» - **Henri Jeanson**

« Plus l'homme médite sur les bonnes pensées, meilleur sera son monde et le monde entier « - **Confucius**

« La liberté est la possibilité d'être ce que nous n'avons jamais pensé que nous deviendrons « - **Daniel J. Boorsti**

« Vous n'êtes jamais trop vieux pour commencer à apprendre, et vous n'êtes jamais trop jeune pour viser haut et accomplir de grandes choses « - **Asa Hutchinson**

« La leçon essentielle que j'ai apprise dans la vie est d'être vous-même. Chérissez l'être magnifique que vous êtes et reconnaissez d'abord et avant tout que vous n'êtes pas ici seulement comme un être humain. Vous êtes un être spirituel ayant une expérience humaine « - **Wayne Dyer**

« L'espoir réside dans les rêves, dans l'imagination, et le courage de ceux qui osent tourner des rêves en réalité « - **Jonas Salk**

« Chaque jour, nous avons de nombreuses occasions de se mettre en colère, d'être opprimé ou offensé. Mais ce que vous faites lorsque vous gratifiez ces émotions négatives donne le pouvoir à quelque chose hors de vous-même au détriment de votre bonheur. Vous pouvez choisir de ne pas laisser les petites choses vous dérangent « - **Joel Osteen**

« La musique est la voie divine pour dire des choses belles et poétiques au cœur « - **Pablo Casals**

« La vie doit être une lutte de désir vers des aventures dont la noblesse fertilisera l'âme « - **Rebecca West**

« Choisissez ce que vous aimez, aimez ce que vous choisissez « - **Thomas S. Monson**

« Décidez précisément qui vous voulez être, où vous voulez aller, ce que vous voulez faire l'expérience. Puis concentrez votre énergie à sa réalisation « - **Ralph Marston**

« Ne prenez jamais de décision négative pendant un moment de faiblesse. Ne prenez jamais vos décisions les plus importantes lorsque vous êtes dans vos pires humeurs. Attendez. Soyez patient. La tempête passera. Le printemps viendra « - **Robert H. Schuller**

«La manifestation commence par la volonté de faire de la place dans nos croyances pour quelque chose qui n'existe pas. Nous créons ce

«quelque chose» par la force de la conscience et de l'attention « - **Gregg Braden**

«Chaque homme a son propre destin: le seul impératif est de le suivre, de l'accepter, peu importe où il t'amène» - **Henry Miller**

« L'arithmétique la plus difficile à maîtriser est celle qui nous permet de compter nos dons « - **Eric Hoffer**

« Découvrir ses compétences et trouver le moyen de les utiliser est la clé du bonheur « - **John Dewey**

« Être gentil, ne pas porter de jugement et avoir du respect les uns les autres. Si nous pouvions tous y arriver, le monde serait un meilleur endroit « - **Jasmine Guinness**

« La clé est de tenir uniquement compagnie aux personnes qui vous élèvent, dont la présence suscite le meilleur de vous-même « - **Epictetus**

«La science et le mysticisme décrivent une force qui relie tout entre elle et nous donne le pouvoir d'influencer le comportement de la matière - et la réalité elle-même - simplement par la façon dont nous percevons le monde qui nous entoure.» - **Gregg Braden**

« L'imagination est le commencement de la création. Vous imaginez ce que vous désirez,vous serez ce que vous imaginez et enfin vous créez ce que vous voulez « - **George Bernard Shaw**

« Accepte les défis afin que tu puisses sentir l'euphorie de la victoire « - **George S. Patton**

« Soyez courtois envers tous, mais intime avec peu et testez bien ces quelques personnes avant de leur donner votre confiance « - **George Washington**

«S'inquiéter, c'est utiliser son imagination pour créer quelque chose que vous ne voulez pas» - **Esther Hicks**

« La meilleure préparation pour demain est de faire de votre mieux aujourd'hui « - **H. Jackson Brown, Jr.**

« Chaque grand rêve commence par un rêveur. Rappelez-vous toujours, vous avez en vous la force, la patience et la passion d'atteindre les étoiles pour changer le monde « - **Harriet Tubman**

« Quand vous vous réveillez tous les jours, vous avez deux choix. Vous pouvez être soit positif ou négatif; un optimiste ou un pessimiste. Je choisis d'être optimiste. C'est une question de perspective « - **Harvey Mackay**

« Croire en soi et savoir qui vous êtes, je le dis, c'est la base de toute grande chose « - **Jay-Z**

« Ce que nous devons faire, c'est toujours se pencher vers l'avenir; Quand le monde change autour de vous et quand il change contre vous - ce qui était autrefois un vent arrière est maintenant un vent de face - vous devez vous pencher sur cela et comprendre ce qu'il faut faire parce que se plaindre n'est pas une stratégie « - **Jeff Bezos**

« Il n'y a aucun charme égal à la tendresse du cœur « - **Jane Austen**
« Permanence, persévérance et persistance malgré tous les obstacles, découragements et impossibilités : c'est cela, qui, en toutes choses, distingue l'âme forte de faibles « - **Thomas Carlyle**

« Soyons reconnaissants aux personnes qui nous rendent heureux, ce sont ces charmants jardiniers qui font que nos âmes fleurissent « - **Marcel Proust**

« Les larmes de joie sont comme les gouttes d'une pluie d'été percées par les rayons du soleil « - **Hosea Ballou**

« La vérité est comme le soleil. Vous pouvez le fermer pendant un certain temps, mais il ne disparaît pas» - **Elvis Presley**

«La musique a le pouvoir de guérison. Elle a la capacité d'aider les gens a sortir d'eux-mêmes pendant quelques heures» - **Elton John**
« L'espoir est la chose avec des plumes qui se pose dans l'âme et chante des airs sans les mots - et ne s'arrête jamais du tout « - **Emily Dickinson**

« Ne vous attardez pas sur vos erreurs. Concentrez-vous, au contraire, sur ce que vous allez faire. Consacrez vos énergies à aller de l'avant et à trouver des des réponses « - **Denis Waitley**

« Vous et moi sommes essentiellement des preneurs de décisions À chaque instant dans notre existence, nous sommes dans ce champ de possibilités, où nous avons accès à une infinité de choix « - **Deepak Chopra**

« Prenez un risque! La vie est un risque. Celui qui va le plus loin est généralement celui qui est prêt à passer à l'action et à oser « - **Dale Carnegie**

« L'espoir est d'être capable de voir la lumière en dépit de l'obscurité
« - **Desmond Tutu**

« Si vous n'aimez pas la route sur laquelle vous marchez, commencez à en préparer une autre « - **Dolly Parton**

« Ne faites pas de suppositions. Trouvez le courage de poser des questions et d'exprimer ce que vous voulez vraiment. Communiquez avec les autres aussi clairement que possible pour éviter les malentendus, la tristesse et le drame. Avec juste cet accord, vous pouvez complètement transformer votre vie « - **Don Miguel Ruiz**

« L'attitude et l'enthousiasme jouent un rôle important dans ma vie. Je m'intèresse sur les choses qui m'inspirent. Je pense aussi à rire et à m'amuser « - **Dwayne Johnson**

« Si vous continuez à penser à ce que vous voulez faire ou à ce espérez ce qui va arriver, et que vous ne le faites pas, cela n'arrivera pas « - **Desiderius Erasmus**

« L'imagination est un élément essentiel dans la vie, c'est une façon de regarder la vie par le bout erroné d'un télescope, et qui vous permet de vous moquez des réalités de la vie « - **Dr. Seuss**

« Je pense que c' est très important d'avoir une rétroaction, où vous pensez constamment à ce que vous avez fait et comment vous pourriez faire mieux. Je pense qu'il s'agit du meilleur conseil: pensez constamment à la façon dont vous pourriez faire mieux les choses et remettez vous en question « - **Elon Musk**

« La vie, c'est un peu comme l'alpinisme - il ne faut jamais regarder vers le bas « - **Edmund Hillary**

«La manifestation commence par la volonté de faire de la place dans nos croyances a quelque chose qui n'existe pas. Nous créons ce «quelque chose» par la force de la conscience et de l'attention « - **Gregg Braden**

« Tout ce que j'ai essayé de faire dans la vie, j'ai essayé de tout mon cœur à le faire bien ; tout ce que je me suis moi-même consacré à faire, je m'y me suis consacré complètement ; que ce soit de grands ou de petits buts, j'ai toujours été complètement sérieux « - **Charles Dickens**

« Nous ne pouvons pas chercher les exploits pour nous-mêmes et oublier le progrès et la prospérité pour notre communauté... Nos ambitions doivent être assez larges pour comprendre les aspirations et les besoins des autres, pour eux et pour nous « - **Cesar chavez**

« Ce n'est pas combien nous avons, mais combien nous jouissons, qui fait le bonheur « - **Charles Spurgeon**

« Le secret d'une vie d'excellence est simplement une question de nourrir des pensées d'excellence. En vérité, il s'agit de programmer notre esprit avec le genre d'information qui nous rendra libre « - **Charles R. Swindoll**

« J'essaye d'éviter de regarder vers l'avant ou vers l'arrière et j'essaye de continuer à chercher vers le haut « - **Charlotte Bronte**

« La vie est une tragédie quand elle est vue en gros plan, mais c'est une comédie en plan d'ensemble « - **Charlie Chaplin**

« Ne passe pas du temps à frapper sur un mur dans l'espoir de le transformer en une porte « - **Coco Chanel**

« Pourquoi voulez-vous un sens ? La vie est un désir, pas un sens.» - **Charlie Chaplin**

« La seule façon de trouver le vrai bonheur est de risquer d'être complètement ouvert à tout « - **Chuck Palahniuk**

« Il faut avoir confiance en soi. Si ce n'est pas le cas, vous serez hésitant et sur la défensive, et il y aura beaucoup de choses qui agiront contre vous « - **Clint Eastwood**

« Un échec n'est pas toujours une erreur, il peut être tout simplement le meilleur qu'on peut faire dans les circonstances. L'erreur réelle est d'arrêter d'essayer « - **B. F. Skinner**

« Le changement ne viendra pas si nous attendons une autre personne ou un autre moment. Nous sommes ceux que nous attendions. Nous sommes le changement que nous cherchons « - **Barack Obama**

« La vérité est tellement obscure en ces temps et le mensonge si établi que, à moins que nous aimons la vérité, nous ne pouvons le savoir « - **Blaise Pascal**

«Pouvez-vous accepter la notion qu'une fois que vous avez changé votre état interne, vous n'avez plus besoin du monde extérieur pour vous donner une raison de ressentir de la joie, de la gratitude, de l'appréciation ou toute autre émotion élevée?» - **Joe Dispenza**

« La grandeur d'un homme ne réside pas dans la fortune qu'il acquiert, mais dans son intégrité et sa capacité à influencer ceux qui l'entourent de manière positive.» - **Bob Marley**

«La méditation est également un moyen pour vous de dépasser votre esprit analytique pour pouvoir accéder à votre subconscient. C'est crucial, car c'est dans le subconscient que résident toutes vos mauvaises habitudes et tous vos comportements que vous voulez changer « - **Joe Dispenza**

« En développant une attitude de gratitude, et en rendant grâce pour tout ce qui vous arrive, en sachant que chaque pas en avant est une étape vers la réalisation de quelque chose de plus grand et mieux que votre situation actuelle « - **Brian Tracy**

«Puisque la définition neuroscientifique de l'esprit est le cerveau en action, vous reproduisez de manière répétée le même niveau d'esprit en «repensant'' qui vous pensez être en référence au monde extérieur.» - **Joe Dispenza**

«Si vous mettez toujours des limites sur tout ce que vous faites, physiquement ou autrement, ça va se répandre dans votre travail et dans votre vie. Il n'y a pas de limites. Il n'y a que des plateaux, et il ne faut pas rester là, vous devez aller au-delà « - **Bruce Lee**

«L'imagination et la foi sont les secrets de la création.» - **Neville Goddard**

« Merci est la meilleure prière que n'importe qui peut dire. Je dis cela beaucoup. Merci exprime l'extrême gratitude, l'humilité, et la compréhension « - **Alice Walker**

« La chose la plus difficile est la décision d'agir, le reste est simplement de la ténacité. Les craintes sont des tigres de papier. Vous pouvez faire tout ce que vous décidez de faire. Vous pouvez agir pour modifier et contrôler votre vie ; et la procédure, le processus est sa propre récompense « - **Amelia Earhart**

« L'homme idéal porte les accidents de la vie avec dignité et grâce, en tirant le meilleur parti des circonstances « - **Aristotle**

« Ne doutez jamais de vous-même ou ne perdez jamais une seconde de votre vie. Elle est trop courte, et vous êtes trop spécial « - **Ariana Grande**

« Le moment d'agir est maintenant. Il n'est jamais trop tard pour faire quelque chose.» - **Antoine de Saint-Exupery**

« La grandeur humaine ne réside pas dans la richesse ou le pouvoir, mais dans le caractère et la bonté. Les gens sont juste des gens, et tous les gens ont des défauts et des lacunes, mais nous sommes tous nés avec une bonté fondamentale « - **Anne Frank**

« Le plus important est de profiter de votre vie, être heureux est la seule chose importante « - **Audrey Hepburn**

« Ce ne sont pas nos différences qui nous séparent. C'est notre incapacité à reconnaître, accepter et célébrer ces différences « - **Audre Lorde**

« Prenez le temps de délibérer ; mais quand vient le moment d'agir, cessez de penser et foncez « - **Andrew Jackson**

« Ce à quoi nous sommes confrontés peut sembler insurmontable. Mais j'ai appris quelque chose de toutes ces années d'entraînement et de compétition. J'ai appris quelque chose de toutes ces séries et répétitions quand je ne pensais pas que je pouvais soulever un milligramme de plus. Ce que j'ai appris, c'est que nous sommes toujours plus forts que nous le pensons « - **Arnold Schwarzenegger**

« La fonction éducative est d'apprendre aux autres à penser intensément et de penser de façon critique. L'Intelligence, plus le caractère - tels sont les véritables objectifs de l'éducation « - **Martin Luther King, Jr.**

«Changez votre conception de vous-même et vous changerez automatiquement le monde dans lequel vous vivez. N'essayez pas de changer les gens. ce ne sont que des messagers qui vous disent qui vous êtes. Revalorisez-vous et ils confirmeront le changement. « - **Neville Goddard**

« Le niveau de notre succès est limité seulement par notre imagination et aucun acte de bonté, si petit soit-il, n'est jamais perdu « - **Aesop**

« La bonté constante peut accomplir autant. Comme le soleil fait fondre la glace, la bonté amène l'incompréhension, la méfiance et l'hostilité à s'évaporer « - **Albert Schweitzer**

« Éduquez les masses, élevez leur niveau d'intelligence, et vous aurez certainement une nation accomplie « - **Alexandre Graham Bell**

« Il n'y a rien d'impossible pour celui qui fait l'effort « - **Alexandre Le Grand**

« Le bonheur d'un homme dans cette vie ne consiste pas en l'absence, mais en la maîtrise de ses passions « - **Alfred Lord Tennyson**

« Vous devez prendre des risques. Vous comprendrez seulement le miracle de la vie pleinement lorsque vous laissez l'imprévu se produise « - **Paulo Coelho**

« La gratitude est la plus saine de toutes les émotions humaines. Plus vous exprimez votre reconnaissance pour ce que vous avez, plus il est probable que vous aurez encore plus à exprimer votre gratitude « - **Zig Ziglar**

« Vous ne pouvez espérer construire un monde meilleur sans améliorer les individus. À cette fin, chacun de nous doit travailler à sa propre amélioration et, en même temps, partager une responsabilité générale pour toute l'humanité, notre devoir particulier étant d'aider ceux pour qui nous pensons être le plus utile « - **Marie Curie**

« Lorsque nous affrontons des obstacles, nous trouvons des réserves cachées de courage et de résilience que nous n'imaginions pas avoir. Et c'est seulement lorsque nous faisons face à l'échec que nous nous rendons compte que ces ressources existaient toujours en nous. Nous avons seulement besoin de les retrouver et de poursuivre notre chemin pour avancer dans la vie « - **A. P. J. Abdul Kalam**

« Certaines journées sont tout simplement de mauvaises journées, C'est tout. Tu dois vivre la tristesse pour connaître le bonheur et je garde en mémoire que chaque journée ne sera pas forcément une bonne journée. C'est comme ça !» - **Dita Von Teese**

« Nous n' avons pas besoin de partager les mêmes opinions que les autres, mais nous devons être respectueux « - **Taylor Swift**

« Vous vous fondez sur l'échec. Vous l'utiliser comme un tremplin. Fermer la porte sur le passé. Vous n'essayez pas d'oublier les erreurs, mais vous ne vous attardez pas sur elle. Vous ne le laissez pas avoir toute votre énergie, ou de votre temps ou de votre espace « - **Johnny Cash**

« Si la vue du ciel bleu vous remplit de joie, si un brin d'herbe jaillissant dans les champs a le pouvoir de vous déplacer, si les choses simples de la nature ont un message que vous comprenez, réjouissez-vous car votre âme est vivante « - **Eleonora Duse**

« Le destin n'est pas une question de chance. C'est une question de choix. Ce n'est pas une chose à attendre, c'est une chose à atteindre « - **William Jennings Bryan**

« Vous avez le pouvoir sur votre esprit - pas sur les événements extérieurs. Réalisez cela, et vous trouverez la force « - **Marcus Aurelius**

« L'esprit calme apporte la force intérieure et la confiance en soi et c'est très important pour la bonne santé « - **Dalai Lama**

« Votre succès et votre bonheur se trouve en vous. Décidez de garder le bonheur et votre joie et vous créerez un hôte invincible contre les difficultés « - **Helen Keller**

« L'expérience, voilà le maître en toutes choses « - **Julius Caesar**
« Etre profondément aimé par quelqu'un vous donne de la force, tandis qu'aimer quelqu'un profondément vous donne du courage « - **Lao Tzu**

« Très peu est nécessaire pour rendre une vie heureuse ; C'est tout en soi-même, dans votre façon de penser « - **Marcus Aurelius**
«Nous avons tous nos propres peurs, croyances et opinions. Ces hypothèses internes gouvernent nos vies. Une suggestion n'a aucun pouvoir en soi. Sa puissance provient du fait que vous l'acceptez mentalement. « - **Joseph Murphy, Le pouvoir de votre esprit subconscient**

« Le succès fait des choses ordinaires extraordinairement bien « - **Jim Rohn**

«Tout ce que nous plantons dans notre subconscient et nourrissons avec la répétition et l'émotion deviendra un jour une réalité «- **Earl Nightingale**

« Avoir la foi c'est comme se faire confiance dans l'eau. Quand vous nagez vous ne vous agrippez pas à l'eau, parce que si vous le faites vous coulerez et vous vous noierez. Au lieu de ça, vous vous relaxez et vous flottez « - **Alan Watts**

« Vous n'êtes pas ici simplement pour gagner votre vie. Vous êtes ici afin de permettre au monde de vivre plus pleinement, avec une plus grande vision, avec un sentiment d'espoir et de réussite. Vous êtes ici pour enrichir le monde et vous vous appauvrissez vous-même si vous oubliez votre mission « - **Woodrow Wilson**

« Être audacieux est d'être ferme, sûr, confiant, sans peur, fort, résilient et pas facilement intimidé. Que vous êtes prêt à aller où vous n'avez jamais été, disposé à essayer ce que vous n'avez jamais essayé et à vouloir faire confiance à ce que vous n'avez jamais fait confiance « - **Mike Yaconelli**

« Apprenez du passé, établissez des objectifs clairs et détaillés pour l'avenir et vivez dans le seul moment pendant lequel vous avez un contrôle : maintenant « - **Denis Waitley**

« Les conseils sont comme la neige - plus ils sont légers, plus ils tiennent, et plus ils pénètrent profondément dans l'esprit « - **Samuel Taylor Coleridge**

« L'esprit calme apporte la force intérieure et la confiance en soi et c'est très important pour la bonne santé «   - **Dalai Lama**

« Toute notre vie consiste finalement à nous accepter tel que nous sommes « - **Jean Anouilh**

« Faites un acte aléatoire de gentillesse, avec aucun espoir de récompense, en sachant qu'un jour quelqu'un pourrait faire la même chose pour vous « - **Princess Diana**

« La lecture est à l'esprit ce que l'exercice est au corps « - **Joseph Addison**

« Le succès n'est pas un hasard. C'est le travail acharné, la persévérance, l'apprentissage, l'étude, le sacrifice et surtout, l'amour de ce que vous faites ou apprenez à faire « - **Pele**

« Toutes les bonnes choses que nous construisons finissent par nous construire « - **Jim Rohn**

« Faites infuser votre vie avec l'action. N'attendez pas qu'elle se produise. Il faut la créer. Tracez votre propre avenir. Faites votre propre espoir. Faites votre propre amour.Et quelles que soient vos croyances, honorez votre créateur, non pas par attendre passivement la grâce à descendre du ciel, mais en faisant le plus possible à créer la grâce ... vous-même, en ce moment, juste ici sur la terre « - **Bradley Whitford**

« Un seul bonheur existe dans la vie : aimer et être aimé « - **George Sand**

« Faites confiance à vos instincts, allez à l'intérieur, suivez votre cœur. Depuis le début. Allez-y et défendez ce que vous croyez. Comme je l'ai appris, c'est le chemin du bonheur « - **Lesley Ann Warren**

« La fonction éducative est d'apprendre aux autres à penser intensément et de penser de façon critique « - **Martin Luther King, Jr.**

« Ton désir est ta prière. Imaginez la réalisation de votre désir maintenant et sentez sa réalité et vous ferez l'expérience de la joie de la réponse « - **Dr. Joseph Murphy**

« Ce n'est pas dans les étoiles que doit tenir notre destin mais en nous-mêmes « - **William Shakespeare**

« Il n'y a qu' une cause de la défaillance humaine. Et c' est le manque de foi de l'homme en sa véritable identité « - **William James**

« Dans la vie, il n'y a pas de fin aux leçons qui peuvent être apprises. La sagesse n'est pas une tâche qui peut être accomplie ou une course qui peut être gagnée. C'est un développement constant qui dure chaque jour et une chance d'acquérir de l'expérience. Chaque erreur est une occasion d'apprendre quelque chose de nouveau « - **Illuminatiam**

« Développez une passion pour l'apprentissage. Si vous le faites, vous ne cesserez jamais de grandir « - **Anthony J. D'Angelo**

« Nous ne pouvons pas aider tout le monde, mais tout le monde peut aider quelqu'un « - **Ronald Reagan**

« C'est votre regard sur la vie qui compte. Si vous vous prenez à la légère et ne vous prenez pas trop au sérieux, vous trouverez très bientôt l'humour dans votre vie quotidienne. Et parfois, il peut être une bouée de sauvetage « - **Betty White**

« La leçon essentielle que j'ai apprise dans la vie est d'être vous-même. Chérissez l'être magnifique que vous êtes et reconnaissez d'abord et avant tout que vous n'êtes pas ici seulement comme un être humain. Vous êtes un être spirituel ayant une expérience humaine « - **Wayne Dyer**

« Le bonheur de votre vie dépend de la qualité de vos pensées : pour cela, méfiez-vous en conséquence et veillez à ce que vous ne nourrissiez aucunes idées inappropriées à la vertu et à la nature raisonnable « - **Marcus Aurelius**

« Soyez reconnaissant pour ce que vous avez et arrêtez de vous plaindre - cela ennuie tout le monde, ne vous fait aucun bien et ne résout pas les problèmes « - **Zig Ziglar**

« Une image de soi forte et positive est la meilleure préparation possible pour réussir « - **Joyce Brothers**

« Que peut faire un crayon pour nous tous ? Des choses étonnantes. Il peut écrire de la poésie transcendante, de la musique exaltante ou des équations qui changent la vie ; il peut croquer l'avenir, donner vie à la beauté incalculable, et communiquer toute la force de notre amour et de nos aspirations « - **Adam Braun**

« La connaissance réelle est de connaître l'étendue de son ignorance « - **Confucius**

« Soyez impeccable avec votre parole. Parlez avec intégrité. Dites seulement ce que vous entendez. Évitez d'utiliser des mots pour vous contredire ou pour dire des commérages sur les autres. Utilisez la puissance de votre parole dans le sens de la vérité et de l'amour « - **Don Miguel Ruiz**

« Vous voulez savoir qui vous êtes ? Ne demandez pas. Agissez ! L'action va vous délimiter et vous définir « - **Thomas Jefferson**
« J'ai découvert que la chance est tout à fait prévisible. Si vous voulez plus de chance, prenez plus de risques. Soyez plus actif. Soyez présent plus souvent « - **Brian Tracy**

« Le bonheur, le vrai bonheur, est une qualité intérieure. C'est un état d'esprit. Si votre esprit est en paix, vous êtes heureux. Si votre esprit est en paix, mais vous n'avez rien d'autre, vous pouvez être heureux. Si vous avez tout ce que le monde peut donner - le plaisir, les richesses, le pouvoir - mais vous n'avez pas la tranquillité d'esprit, vous ne pourrez jamais être heureux « - **Dada Vaswani**

« Prenez un acte de foi et commencez cette merveilleuse nouvelle année en croyant. Croyez en vous. Et croyez qu'il y a une Source de l'amour - un semeur de rêves - juste en attente d'être invité à vous aider à réaliser vos rêves « - **Sarah Ban Breathnach**

« La beauté c'est lorsque vous pouvez vous apprécier vous-même. Vous êtes plus beau lorsque vous vous aimez « - **Zoe Kravitz**

« Et maintenant, nous accueillons la nouvelle année. Qu'elle soit pleine de choses qui n'ont jamais eu lieu « -**Rainer Maria Rilke**

« Un optimiste reste jusqu'à minuit pour voir le nouvel an arriver. Un pessimiste reste pour s'assurer que la vieille année parte « - **Bill Vaughan**

« Ce sont nos choix... qui montrent ce que nous sommes vraiment, beaucoup plus que nos aptitudes « - **J. K. Rowling**

« La seule chose que vous avez que personne d'autre n'a, c'est vous. Votre voix, votre esprit, votre histoire, votre vision. Donc écrire et dessiner et construire et jouer et danser et vivre comme vous seul pouvez « - **Neil Gaiman**

« Un sourire est le bonheur que vous trouverez juste sous votre nez « - **Tom Wilson**

« Certains de nos choix importants ont une ligne de temps. Si l'on tarde à prendre une décision, l'occasion peut disparaître à jamais. Parfois, nos doutes nous empêchent de faire un choix qui implique du changement. On peut alors manquer une occasion « - **James E. Faust**

« Aujourd'hui, je choisis la vie. Tous les matins quand je me réveille je peux choisir la joie et le bonheur ou la négativité et la douleur... De sentir la liberté qui vient d'être en mesure de continuer à faire des erreurs et des choix : aujourd'hui, je choisis de sentir la vie et pas de nier mon humanité mais de l'embrasser « - **Kevyn Aucoin**

"

On passe une moitié de sa vie à attendre ceux qu'on aimera et l'autre moitié à quitter ceux qu'on aime.

VICTOR HUGO

« Nous devons être disposés à nous laisser aller de la vie que nous avons prévu, afin d'avoir la vie qui nous attend « - **E. M. Forster**

« Nous ne connaissons pas encore la force que nous avons jusqu'à ce que nous sommes obligés de sortir cette force cachée. Aux temps de tragédie, de guerre, de nécessité, les gens font des choses étonnantes. La capacité humaine pour la survie et le renouvellement est impressionnante « - **Isabel Allende**

«Vous gagnez de la force, du courage et de la confiance avec chaque expérience dans laquelle vous vous arrêtez vraiment pour regarder la peur dans les yeux. Vous êtes en mesure de vous dire, 'J'ai vécu cette horreur. Je peux gérer la prochaine chose qui m'arrive ' « - **Eleanor Roosevelt**

« Chaque grand rêve commence par un rêveur. Rappelez-vous toujours, vous avez en vous la force, la patience et la passion d'atteindre les étoiles pour changer le monde « - **Harriet Tubman**

« Prendre des risques, faire des erreurs. Voilà comment l'on grandit. La douleur nourrit votre courage. Vous devez échouer pour apprendre à être courageux « - **Mary Tyler Moore**

« Ne jamais se fixer des limites, aller après vos rêves, n'ayez pas peur de repousser les limites. Et de rire beaucoup - c'est bon pour vous ! « - **Paula Radcliffe**

« L'acceptation ne signifie pas la résignation ; cela signifie de comprendre que quelque chose est ce qu'il est, et qu'il doit y avoir un moyen de le traverser « - **Michael J. Fox**

« Les plus belles choses ne sont pas associées avec de l'argent ; Ce sont des souvenirs et des moments. Si vous ne célébrez pas ceux-ci, ils peuvent passer « - **Alek Wek**

« Le vrai plaisir vient de l'activité de l'esprit et de l'exercice du corps ; les deux sont à jamais unis « - **Wilhelm von Humboldt**

« Je voyage léger. Ou que vous soyez, je pense que la chose la plus importante est d'être de bonne humeur et de profiter de la vie « - **Diane von Furstenberg**

« Que mon âme sourie dans mon cœur et que mon cœur sourie à travers mes yeux, afin que je disperse mes grands sourires dans les cœurs tristes « - **Paramahansa Yogananda**

« Restez positif et heureux.Travaillez dur et n'abandonnez pas l'espoir. Soyez ouvert à la critique et continuez à apprendre. Entourez-vous de gens heureux, chaleureux et authentique « -**Tena Desae**

« Faites infuser votre vie avec l'action. N'attendez pas qu'elle se produise. Il faut la créer. Tracez votre propre avenir. Faites votre propre espoir. Faites votre propre amour.Et quelles que soient vos croyances, honorez votre créateur, non pas par attendre passivement la grâce à descendre du ciel, mais en faisant le plus possible à créer la grâce ... vous-même, en ce moment, juste ici sur la terre « - **Bradley Whitford**

« Le bonheur rayonne comme le parfum d'une fleur et attire toutes les bonnes choses vers vous» - **Maharishi Mahesh Yogi**

« La paix est la beauté de la vie. C'est le soleil. C'est le sourire d'un enfant, l'amour d'une mère, la joie d'un père, la convivialité d'une famille. C'est l'évolution de l'homme, la victoire d'une cause juste, le triomphe de la vérité « - **Menachem Begin**

« Regardez les étoiles en portant votre regard en haut et non vers vos pieds. Essayez de donner un sens à ce que vous voyez et interrogez-vous sur la raison d'être de l'univers. Soyez curieux « - **Stephen Hawking**

« La chance ne frappe pas, elle se présente lorsque vous brisez la porte « - **Kyle Chandler**

« Les mots sont singulièrement la force la plus puissante disponible pour l'humanité. Nous pouvons choisir d'utiliser cette force constructive avec des mots d'encouragement, ou destructive à l'aide de mots de désespoir. Les mots ont l'énergie et le pouvoir avec en plus la capacité d'aider, de gêner, d'entraver, de faire du mal, de nuire, d'humilier et de rendre humble» - **Yehuda Berg**

« La défaillance est la clé du succès ; chaque erreur nous apprend quelque chose» - **Morihei Ueshiba**

« Lâcher prise nous donne la liberté, et la liberté est la seule condition du bonheur. Si, dans notre cœur, nous nous accrochons toujours à quelque chose – la colère, l'anxiété, ou possessions – nous ne pouvons pas être libres « « Beaucoup de gens pensent que l'excitation est le bonheur... Mais quand vous êtes excité vous n'êtes pas paisible. Le vrai bonheur est basé sur le calme intérieur. « - **Thich Nhat Hanh**

« Se discipliner pour faire ce que vous savez juste et important, bien que difficile, est le chemin de la fierté, de l'estime de soi et de la satisfaction personnelle « - **Margaret Thatcher**

« Une fleur ne peut pas s'épanouir sans soleil, et l'homme ne peut pas vivre sans amour» - **Max Muller**

« L'imagination est le commencement de la création. Vous imaginez ce que vous désirez,vous serez ce que vous imaginez et enfin vous créez ce que vous voulez « - **George Bernard Shaw**

« Nous sommes façonnés par nos pensées; nous devenons ce que nous pensons. Quand l'esprit est pur, la joie suit comme une ombre qui jamais ne s'en va» - **Buddha**

« L'éducation n'est pas seulement d'aller à l'école et l'obtention d'un diplôme. Il s'agit d'élargir vos connaissances et d'absorber la vérité sur la vie» - **Shakuntala Devi**

« Je garde mon cœur et mon âme et mon esprit ouverts aux miracles « - **Patrick Swayze**

« Aucun plan valable pour l'avenir ne peut se faire par ceux qui n'ont pas la capacité de vivre maintenant « - **Alan Watts**

« La confiance n'a rien à voir avec votre apparence. Si vous en êtes obsédés, vous finirez par être déçus par vous-mêmes . Au contraire, une haute estime de soi provient de la façon dont vous vous sentez, à tout moment. Alors entrez dans une pièce comme si vous aviez le contrôle et utilisez votre énergie pour rendre les gens autour de vous heureux « - **Marian Seldes**

« Chaque jour, je viens avec une attitude positive, essayant de devenir mieux « - **Stefon Diggs**

« Faire confiance aux rêves, car c'est en eux que se cache le portail à l'éternité « - **Khalil Gibran**

« Le caractère ne peut pas être mis au point dans la facilité et la tranquillité. Seulement par l'expérience des épreuves et dans la souffrance, l'âme peut être renforcée, l'ambition inspirée, et le succès atteint « - **Helen Keller**

« Un rêve ne devient pas réalité grâce à la magie ; Il faut de la sueur, de la détermination et du travail acharné» - **Colin Powell**

«Aujourd'hui, je choisis la vie. Tous les matins quand je me réveille je peux choisir la joie et le bonheur ou la négativité et la douleur... De sentir la liberté qui vient d'être en mesure de continuer à faire des erreurs et des choix : aujourd'hui, je choisis de sentir la vie et pas de nier mon humanité mais de l'embrasser» - **Kevyn Aucoin**

«Vivez la vie pleinement et concentrez-vous sur le positif» - **Matt Cameron**

«Un homme vrai sourit dans la difficulté, rassemble ses forces dans la détresse et devient brave dans la réflexion» - **Thomas Paine**

«Le succès n'est pas un hasard. C'est le travail acharné, la persévérance, l'apprentissage, l'étude, le sacrifice et surtout, l'amour de ce que vous faites ou apprenez à faire» - **Pele**

«Ton sourire va vous donner un visage positif qui va rendre les gens à l' aise autour de vous» - **Les Brown**

«Un héros est quelqu'un qui a donné sa vie à quelque chose de plus grand que soi» - **Joseph Campbell**

«Si vous croyez en vous-même et vous avez le dévouement et la fierté sans jamais abandonner, vous serez le gagnant. Le prix de la victoire augmente mais aussi les récompenses» - **Bear Bryant**

«Même une vie heureuse ne peut pas être sans une certaine obscurité, et le mot heureux perdrait son sens s'il n'était pas équilibrée par la tristesse. C'est beaucoup mieux de prendre les choses comme elles viennent avec patience et sérénité» - **Carl Jung**

«L'éthique est de savoir la différence entre ce que vous avez le droit de faire et ce qui est bon de faire» - **Potter Stewart**

«Le respect de nous-mêmes guide notre morale, le respect des autres guide nos manières» - **Laurence Sterne**

«Si on aligne les attentes à la réalité, on ne sera jamais déçu» - **Terrell Owens**

«J'ai appris que ce n'est pas une voie directe vers le sommet, et il y aura des reculs en cours de route. Il faut être patient et continuer à croire en ce qu'on fait. Et continuez à croire en vous-même, quoi qu'il arrive. Et finalement, vous y arriverez» - **Eugenie Bouchard**

«La capacité d'être dans le moment présent est une pièce primordiale du bien-être mental» - **Abraham Maslow**

«Ne prenez pas les choses insignifiantes au sérieux et ne vous embarrassez pas de choses sans importance» - **George Carlin**

«Pour réussir, vous devez échouer, afin que vous sachiez ce qu'il ne faut pas faire la prochaine fois» - **Anthony J. D'Angelo**

«La Patience et la Diligence, comme la foi, soulèvent les montagnes» - **William Penn**

« Ma famille est ma vie, et tout le reste vient qu'en second dans la mesure de ce qui est important pour moi « - **Michael Imperioli**

« Garder les pieds sur terre et vos pensées à des hauteurs élevées « - **Peace Pilgrim**

« Calmez-vous, profitez seulement de la vie, souriez un peu plus, riez un peu plus et ne vous énervez pas sur des petites choses « - **Kenneth Branagh**

« L'amour commence en prenant soin de vos proches - ceux qui sont à la maison « - **Mother Teresa**

« Certains de nos choix importants ont une ligne de temps. Si l'on tarde à prendre une décision, l'occasion peut disparaître à jamais. Parfois, nos doutes nous empêchent de faire un choix qui implique du changement. On peut alors manquer une occasion « - **James E. Faust**

« Pour accomplir des grandes choses, nous devons ne pas seulement agir, mais aussi rêver ; ne pas seulement planifier, mais croire aussi « - **Anatole France**

« Lorsque nous sommes trop pris dans l'agitation du monde, nous perdons la connexion avec l'autre, et avec nous-mêmes. « - **Jack Kornfield**

« Nous aspirons à la permanence, mais tout dans l'univers connu est transitoire. C'est un fait mais nous nous battons. « - **Sharon Salzberg**

« La chance est une question de préparation venant à la rencontre d'une opportunité « - **Lucius Annaeus Seneca**

«Tout peut être prélevé sur un homme à l'exception d'une chose : la dernière des libertés humaines - de choisir son attitude dans n'importe quel ensemble de circonstances, de choisir son propre chemin « **- Viktor E. Frankl**

«Vous avez le pouvoir sur votre esprit - pas sur les événements extérieurs. Réalisez cela, et vous trouverez la force» **- Marcus Aurelius**

« Ne perdez jamais une occasion d'admirer la beauté de quelque chose, car la beauté est l'écriture de Dieu» - **Ralph Waldo Emerson**

« Un peu d' égards et un peu de bonté valent souvent plus que beaucoup d' argent « - **John Ruskin**

« Je pense que chacun a sa propre identité et sa propre beauté. Chacun étant différent est ce qui est vraiment magnifique. Si nous étions tous pareils, ça serait ennuyant « - **Tila Tequila**

« La victoire ultime dans la compétition est dérivée de la satisfaction intérieure de savoir que vous avez fait de votre mieux et que vous avez obtenu le maximum de ce que vous devez donner « - **Howard Cosell**

« Les limites du possible ne peuvent être définies que par leur dépassement dans l'impossible « - **Arthur C. Clarke**

«Mon meilleur ami est celui qui fait ressortir le meilleur en moi» - **Henry Ford**

«Suivez votre bonheur et l'univers sera portes ouvertes où il y avait seulement les murs» - **Joseph Campbell**

« La sagesse, la compassion et le courage sont les trois qualités morales des hommes universellement reconnues « - **Confucius**

« Certaines journées sont tout simplement de mauvaises journées, C'est tout. Tu dois vivre la tristesse pour connaître le bonheur et je garde en mémoire que chaque journée ne sera pas forcément une bonne journée. C'est comme ça ! « - **Dita Von Teese**

«Un rêve ne devient pas réalité grâce à la magie ; Il faut de la sueur, de la détermination et du travail acharné « - **Colin Powell**

regarder plus loin que vous pouvez voir « - **Winston Churchill**
« À l'intérieur de chacun d'entre nous, il y a les semences du bien et du mal. C'est une lutte constante au sujet de laquelle va gagner. Et l'un ne peut pas exister sans l'autre « - **Eric Burdon**

« Vous ne pouvez pas changer ce que vous êtes, mais vous pouvez changer ce que vous avez dans votre tête, vous pouvez rafraîchir ce que vous pensez, vous pouvez mettre de l'air frais dans votre cerveau « - **Ernesto Bertarelli**

« Ouvrez les yeux, regardez à l'intérieur. Êtes-vous satisfait de la vie que vous vivez? « - **Bob Marley**

«Peu importe combien de temps vous passez sur la terre, combien d'argent vous avez recueilli ou combien d'attention vous avez reçu. C'est la quantité de vibration positive que vous avez rayonnée dans la vie qui compte « - **Amit Ray**, Méditation: Idées et Inspirations

« Le pouvoir de l'imagination transcende nos limites « - **John Muir**

«Nous sommes tous connectés; L'un à l'autre, biologiquement. À la terre, chimiquement. Pour le reste de l'univers atomiquement. « - **Neil DeGrasse Tyson**

« Le comportement humain découle de trois sources principales : désir, émotion et connaissance « - **Platon**

«L'espoir est la chose avec des plumes. Qui se perche dans l'âme. Et chante l'air sans les mots. Et ne s'arrête jamais du tout. - **Emily Dickinson**

« Les mots gentils ne coûtent pas cher. Pourtant ils accomplissent beaucoup « - **Blaise Pascal**

«Sans changement, quelque chose dort à l'intérieur de nous et rarement se réveille. Le dormeur doit s'éveiller « - **Frank Herbert**
« Il n'y a pas mieux que l'adversité. Chaque défaite, chaque chagrin d'amour, chaque perte contient ses propres graines, sa propre leçon sur la façon d'améliorer vos performances la prochaine fois « - **Malcolm X**

« Pour être plus enfantin, vous n'avez pas à renoncer à être un adulte. La personne pleinement intégrée est capable d'être à la fois un adulte et un enfant simultanément. Recouvrez les sentiments d'émotion enfantine, d'appréciation spontanée, de décontraction, et d'être plein de crainte et d'émerveillement dans ce magnifique univers « - **Wayne Dyer**

«Le succès est la rencontre de la préparation et de l'opportunité» - **Bobby Unser**

« C'est lors des moments les plus sombres que nous devons nous concentrer pour apercevoir la lumière « - **Aristotle**

« Changez votre vie aujourd'hui-même. Ne pariez pas sur l'avenir, agissez maintenant, sans plus attendre « - **Simone de Beauvoir**

« La vie est abondamment semée d'épines, et je ne connais aucun autre recours qu'à passer rapidement à travers elles. Plus nous nous attardons sur nos malheurs, plus grand sera leur pouvoir de nous nuire « - **Voltaire**

« La gratitude déverrouille la plénitude de la vie. Elle transforme ce que nous avons en assez et bien plus encore. Elle transforme le déni en l'acceptation, le chaos en l'ordre, la confusion en la clarté. Elle peut transformer un repas en un festin, une maison en un foyer, un inconnu en un ami. « - **Melody Beattie**

« De l'approche indienne, de la vie ressort une grande liberté un amour intense et profond pour la nature; un respect pour la vie ; une foi enrichissante en un Pouvoir Suprême; et des principes de vérité, d'honnêteté, de générosité, d'équité et de fraternité, les bases des relations terrestres. « - **Luther Standing Bear, Chef Sioux Oglala**

« Vous pouvez vous voir soit comme une vague dans l'océan ou comme l'océan lui-même « - **Oprah Winfrey**

« Choisis bien tes mots, car ce sont eux qui créent le monde qui t'entoure.» - **Sagesse Navajos**

« La vie est une série de vagues à embrasser et à surmonter « - **Danny Meyer**

«Joie et chagrin, plaisir et tristesse nous habitent alternativement, tout comme le jour et la nuit, la vie et la mort. Si tu souhaites progresser spirituellement, considère-les comme les deux rives d'un fleuve qui coule dans le même sens.» - **La sagesse amérindienne**

« L'action entraîne des risques et des coûts. Mais ils sont beaucoup moindres que les risques à long terme provenant d'une inaction confortable. « - **John F. Kennedy**
« La vérité est comme le soleil. Vous pouvez le fermer pendant un certain temps, mais il ne disparaît pas «- **Elvis Presley**

« Croyez en vous, et le reste va tomber en place. Ayez confiance en vos propres capacités. Travaillez dur et il n'y a rien que vous ne pouvez pas accomplir.» - **Brad Henry**

«Vous devez grandir de l'intérieur. Personne ne peut vous enseigner, personne ne peut vous rendre spirituelle. Il n'y a pas de meilleur enseignant que vous mêmes». - **Swami Vivekananda**

«Espérer le meilleur. Préparer toi au pire. Capitalise sur ce qui vient». - **Zig Ziglar**

« Vous êtes l'incarnation de l'information que vous choisissez et sur lesquels vous agissez. Pour modifier votre situation, vous devez modifier vos pensées et par la suite vos actions. « - **Adlin Sinclair**

«Une attitude positive provoque une réaction en chaîne de pensées, d' événements et de circonstances positives. C'est un catalyseur qui suscite des résultats extraordinaires». - **Wade Boggs**

«Les clés de la patience sont l'acceptation et la confiance. Accepter les choses comme elles sont et regardez réalistiquement le monde autour de vous. Ayez confiance en vous et dans le chemin que vous choisissez». - **Ralph Marston**

«Tout ce que vous voulez est là à attendre que vous faites votre demande. Tout ce que vous voulez vous veut aussi. Mais il faut prendre des mesures pour l'obtenir.» - **Jack Canfield**

« Les Végétaux et les animaux se comporte rarement d'une manière non naturelle qui va à l'encontre de leur vrai caractère. Les êtres humains sont aussi des êtres naturels, mais en même temps, nous sommes des entités conscientes. Par conséquent, nous avons le libre arbitre et nous devons faire le choix de non simplement faire partie de la nature, mais aussi de suivre fidèlement les « lois de la nature «.- **H.E. Davey**

« La vie est belle, la vie est triste, notre vie nous appartient, c'est à nous de l'embellir jour après jour, par nos actions, notre façon de penser, nos réactions face aux difficultés, l'importance que l'on donne aux choses, aux gens... Nous avons tendance à compter sur les autres pour qu'ils nous rendent heureux, parfois même nous leur en voulons de ne pas y arriver tout le temps alors qu'en fait c'est à nous de nous procurer le bonheur, de rendre belle la vie, cela ne peut venir que de soi-même. Cette vie qui pour certains est un délice et pour d'autre un supplice n'attend que vous, elle est là, elle vous guette, elle attend votre bonheur... Alors vivez !!! - **Stone**

«Nous devrions apprendre à ne pas attendre l'inspiration pour commencer quelque chose. L'action génère toujours de l'inspiration. L'inspiration génère rarement de l'action» - **Frank Tibolt**

«Le bonheur est un papillon qui, lorsqu'il est poursuivi, est toujours juste au-dessus de votre portée, mais qui, si vous vous asseyez tranquillement, peut se poser sur vous» - **Nathaniel Hawthorne**

« On dit que le temps change les choses, mais en fait le temps ne fait que passer et nous devons changer les choses nous-mêmes « - **Andy Warhol**

« C'est lorsqu'on n'a passé proche de la mort, qu'on fini par s'ouvrir les yeux et qu'on comprend ce que signifie réellement de vivre ; N'abandonnez jamais, tout vaut la peine d'être vécu, même les moments malheureux vous font grandir. Il suffit de bien s'entourer pour voir les bons côtés de la vie et si vous croyez être seul c'est que vous avez mal regardé, il y aura toujours quelqu'un pour vous aider à grandir dans le parcours qu'est la vie. « - - **Emile Rivest**

« Tout comme une mère protégerait son unique enfant au péril de sa propre vie, cultive un cœur sans limites envers tous les êtres. Laisse tes pensées d'amour illimité se répandre dans le monde entier « - **Bouddah**

« Lorsque des pensées et des émotions dérangeantes surviennent, votre seul choix est de les laisser se déployer naturellement. N'essayez pas de les contrôler ou de les encourager. Leur donner plus d'importance ne fait que les rendre plus 'réelles'. A la place, modifiez légèrement votre attitude. Vous verrez que cet esprit perturbé et anxieux n'est que l'expression de la nature basale de l'esprit, qui est la vacuité elle-même, et qui est assez acceptable. Tout est à la bonne place et il n'y pas besoin de telles gravité ou souci. Voir cela amène la sérénité. « - **Dzigar Kongtrul Rinpoche**

«Le sage veille tout particulièrement sur neuf domaines: il voit clairement; il entend distinctement; il parle avec sincérité; son maintient est gracieux; ses façons sont courtoises; il travaille en vue de gagner le respect; dans le doute il s'informe; en colère, il pense aux conséquences négatives de sa colère; lorsque la possibilité d'un gain se présente à lui, il réfléchit à sa moralité et à son intégrité» - **Confucius**

« Laissez-vous guider par votre rêve, même si vous devez momentanément le mettre de côté pour trouver un emploi ou payer votre loyer. Et restez toujours ouvert aux opportunités de sortir du cadre pour mener la vie et faire les choses qui vous inspirent profondément... n'ayez pas peur. « - **Jane Goodall**

«Lorsque nous acceptons de suivre notre intuition et de partir vers l'inconnu, nous découvrons bien plus que ce que nous espérions, nous allons au-delà de ce que nous appelons Moi, nous découvrons un nouveau continent qui s'appelle Soi.» - **Thierry Janssen**

« La mort n'est pas le contraire de la vie. La vie n'a pas de contraire. Le contraire de la mort est la naissance. La vie est éternelle.» - **Eckhart Tolle**

« Quelque soit ce que vous aspirez à faire, tant de gens sur votre chemin vous diront qu'il ne peut être fait. Mais tout dépend de l'imagination. Vous rêvez, vous organisez, vous atteignez. Il y aura des obstacles, il y aura des doutes, il y aura des erreurs. Mais avec un travail acharné, de la croyance, de la confiance et la foi en vous et de ceux qui sont autour de vous, il n'y a pas de limites. « – **Michael Phelps**

« La perfection, ce n'est pas de faire quelque chose de grand et de beau, mais de faire ce que l'on fait avec grandeur et beauté.» - **Proverbe indien**

« Dire oui à ce que vous propose la vie, c'est décider de passer à l'action « - **Nathalie Bodin Lamboy**

« On dit que le temps change les choses, mais en fait le temps ne fait que passer et nous devons changer les choses nous-mêmes.» - **Andy Warhol**

«Aimer quelqu'un, c'est lui donner de l'importance à ses propres yeux, l'aider à croire en lui-même» - **Victor Hugo**

«Un sourire à plus d'effet qu'un froncement de sourcils. C'est pourquoi les encouragements ont plus d'impact que le blâme» - **James U. McConnell**

«La créativité est une fleur qui s'épanouit dans les encouragements mais que le découragement, souvent, empêche d'éclore» - **Alex F. Osborn**

« Le bonheur est un choix. Décidez de toujours vous sentir bien, décidez de toujours ressentir le bien-être, et vous en recevrez en plus grand nombre. C'est un cycle sans fin « - **Marcelle Della Faille**

« Croyez en vous. Ayez foi en vos capacités. Sans une humble mais raisonnable confiance en vos propres pouvoirs, vous ne pouvez avoir du succès et être heureux.» - **Norman Vincent Peale**

« Rire, c'est refuser de se laisser aigrir par notre impuissance et nos échecs, c'est montrer que la vie reste la plus forte et qu'en son centre, on a placé la joie « - **Alexandre Jollien**

«Si vous ne créez pas une nouvelle vie en créant de nouvelles pensées qui produisent des sentiments et de nouveaux comportements, vous vivez dans le passé.Nos pensées peuvent nous rendre malades. Alors nos pensées peuvent-elles nous faire du bien? Bien sûr qu'ils peuvent. « - **Dr. Joe Dispenza**

«Quand on ne peut revenir en arrière, on ne doit que se préoccuper de la meilleure manière d'aller de l'avant» - **Paulo Coelho**

« Il faut d'abord savoir ce que l'on veut, il faut ensuite avoir le courage de le dire, il faut enfin l'énergie de le faire» - **Georges Clémenceau**

« Faites confiance à votre instinct. Il vaut mieux que vos erreurs soient les vôtres plutôt que celles de quelqu'un d'autre « - **Michaël Aguilar**

«Les personnes qui réussissent adoptent au quotidien des habitudes positives, qui les aident à grandir et à apprendre." - **John Maxwell**

«La personne heureuse ne se vante jamais de posséder beaucoup, elle profite pleinement de ce qu'elle a, en qualité et en quantité." - **Bernabé Tierno**

«Nous tous, avec effort et discipline, avons la capacité de contrôler nos pensées et nos actions. C'est une partie du processus de développement de la maturité spirituelle, physique et émotionnelle." - **Gordon B. Hinckley.**

« Votre vie peut changer quand vous changerez vos actions, et vos actions peuvent changer quand vous changerez votre manière de penser. Si vous ne pouvez pas réussir, vous pouvez essayer. Si vous pouvez essayer, vous pouvez réussir « - **Anthony Robbins**

« La source de toute abondance ne se trouve pas à l'extérieur de vous, elle fait partie de ce que vous êtes. Commencez cependant par reconnaître l'abondance à l'extérieur de vous. Voyez la plénitude de la vie, la chaleur du soleil sur votre peau, les magnifiques fleurs dans la vitrine du fleuriste, le fruit succulent dans lequel vous mordez ou l'abondante pluie qui tombe du ciel et vous trempe « - **Eckhart Tolle**

« Apprenez à répéter le mot Tranquillité. Non seulement il compte parmi les plus harmonieux de notre langue, mais il crée l'état d'esprit correspondant. Sérénité est un autre mot porteur de guérison. Répétez-le lentement en vous imprégnant de son sens. Les mots de cette nature ont réellement un pouvoir apaisant « - **Norman Vincent Peale**

« Connaitre, c'est ou bien monter au ciel et voir, ou bien plonger en soi-même pour recevoir le ciel et se souvenir « - **Pythagore**

« A propos de chaque désir il faut se poser cette question : quel avantage résultera-t-il pour moi si je le satisfais, et qu'arrivera-t-il si je ne le satisfais pas ? « - **Épicure**

« La voie vers le divin comporte toujours une inversion : de l'extériorité il faut passer à l'intériorité, de la multiplicité à l'unité, de la dispersion à la concentration, de l'égoïsme au détachement, de la passion à la sérénité « - **Frithjof Schuon**

« L'intelligence, appartient à l'essence même de Dieu, si toutefois Dieu a une essence, ce que lui seul peut savoir exactement. L'intelligence n'est donc pas séparée de la nature de Dieu, elle lui est unie comme au soleil sa lumière. Cette intelligence est le Dieu qui est en nous, c'est par elle que certains hommes sont des Dieux et que leur humanité est voisine de la divinité « - **Hermès**

« Le remède à l'ennui est la curiosité. Il n'y a pas de remède à la curiosité « - **Ellen Parr**

« La tragédie de la vie ne consiste pas à ne pas atteindre votre objectif. La tragédie consiste à n'avoir aucun but à atteindre « — Benjamin Mays

« Il est très important de générer une bonne attitude et un bon cœur, autant que possible. De cela, le bonheur à court terme et à long terme pour vous-même et les autres viendront « – **Dalaï Lama**

«Dieu est un, mais il a d'innombrables formes. Il est le créateur de tout et il prend lui-même la forme humaine» - **Guru Nanak**

« L'espoir est la force motrice la plus forte pour un peuple. L'espoir qui apporte le changement, qui produit de nouvelles réalités, est ce qui ouvre la voie de l'homme à la liberté « - **Oscar Arias**

« Nous apprécions la beauté du papillon, mais admettons rarement les changements qu'il a subis pour atteindre cette beauté « - **Maya Angelou**

« Ce sont nos choix ... qui montrent ce que nous sommes vraiment, bien plus que nos capacités « - **JK Rowling**

«Croyez en vos rêves. Croyez en aujourd'hui. Croyez que l'on vous aime. Croyez que vous faites une différence. Croyez que vous pouvez construire un monde meilleur. Croyez quand les autres ne le peuvent pas. Croyez qu'il y a une lumière au bout du tunnel. Croyez que vous pourriez être cette lumière pour quelqu'un d'autre. Croyez que le meilleur reste à venir. Croyez en l'autre. Croyez en vous. Je crois en toi.» - **Kobi Yamada**

«Concentrez-vous plus sur votre désir que sur votre doute, et le rêve prendra soin de lui-même» - **Mark Twain**
«La tendresse et la bonté ne sont pas des signes de faiblesse et de désespoir, mais des manifestations de force et de résolution.» - **Khalil Gibran**

«Le vrai bonheur ne dépend d'aucun être, d'aucun objet extérieur. Il ne dépend que de nous...» - **DALAÏ LAMA**

«L'esprit s'enrichit de ce qu'on lui donne, et le cœur, de ce qu'il donne». - **Victor Hugo**

« Il ne sert à rien de chercher à plaire à tous par peur de la critique, car quels que soient votre réussite et vos accomplissements, vous serez toujours critiqué. Il vaut mieux chercher à apporter de la valeur à une communauté qui a compris ce que vous voulez apporter, et qui est prête à vous donner de l'argent en échange (si vous voulez gagner votre vie avec cela), le reste a peu d'importance. « - **Olivier Roland**

«C'est dans le rêve que respirent les âmes. Dans le rêve que se glisse la grandeur de l'homme». - **Katherine Pancol**

«Aimer les autres et prendre soin d'eux, c'est agir avec humanité. Les comprendre, c'est agir avec vertu». - **Confucius**

«Ce n'est pas parce qu'un problème n'a pas été résolu qu'il est impossible à résoudre». - **Agatha Christie**

«Je ne suis ni mes pensées, ni mes émotions, ni mes perceptions sensorielles, ni mes expériences. Je ne suis pas le contenu de ma vie. Je suis l'espace dans lequel tout se produit. Je suis la conscience. Je suis le Présent. Je suis».- **Eckhart Tolle**

« Pour chaque beauté, il y a un œil quelque part pour le voir. Pour chaque vérité, il y a une oreille quelque part pour l'entendre. Pour chaque amour, il y a un cœur quelque part pour le recevoir.» - **Ivan Panin**

« Il n'est jamais trop tard, peu importe votre âge, car à tout moment ou à tout moment de votre vie, vous pouvez toujours avoir une chance de faire la différence. Vous pouvez toujours faire un changement pour le mieux, quel que soit d'ou vous venez. Vous pouvez toujours faire de votre mieux et être tout ce que vous pouvez être parce que vous serez toujours unique. C'est pourquoi il est toujours sage d'écouter votre cœur éternel, vos instincts éternels, et ce qu'il a toujours cherché et / ou fait parce que n'importe qui peut vraiment faire la différence non seulement dans sa propre vie mais dans celle des autres. Il n'est jamais trop tard pour briller; jamais.» - **George Eliot**

«Votre esprit est une merveilleuse batterie de puissance sur laquelle vous pouvez dessiner tout ce que vous devez faire de votre vie pour faire ce que vous voulez devenir». - **Robert Collier**

«Gérer vos émotions est un travail intérieur. C'est pourquoi il est important d'apprendre les techniques pour faire des ajustements d'attitudes. Vous pouvez ensuite diriger vos émotions plus efficacement. Le bonheur vient à travers des émotions qualifiées par le cœur». - **Doc Childre**

«Chacun de nous choisit littéralement, par sa façon de répondre aux choses, quel genre d'univers, qu'il se voit habiter». - **William James**

« On est ce que l'on croit. A l'instant où vous ne croyez plus, vous êtes perdu. « - **Ben Harper**

«N'évaluez pas votre valeur personnelle sur comment vous faites bien les choses dans la vie. Vous n'êtes pas ce que vous faites. Si vous êtes ce que vous faites, alors quand vous ne faites pas... vous n'êtes pas». - **Dr. Wayne Dyer**

«Gardez-vous du temps chaque jour pour visualiser un de vos buts comme déjà compléter. Cela est la chose la plus vitale que vous pouvez faire pour réaliser vos rêves».- **Jack Canfield**

«En suivant les conseils de votre cœur, vous pouvez prendre des décisions de qualité et votre vie sera plus amusante. Vivre à partir du cœur, c'est ce qui rend la vie agréable. Lorsque vous êtes en contact avec vos émotions sincères, vous trouvez vos valeurs fondamentales et enrichissez votre vie». - **Doc Childre**

«Vous pouvez traîner un diamant dans la boue si vous le voulez, il en ressortira toujours aussi pur. Et vous Valez bien Plus qu'un diamant, même si vous l'ignorez! - **Rava**

«Nous créons notre réalité. Nous sommes en train de créer, à chaque instant, une nouvelle réalité collective. Nos pensées, nos émotions, et nos actions, ont beaucoup plus de pouvoir que nous ne pourrions l'imaginer». - **Bob Frissel**

« Si vous voulez être heureux, fixez-vous un objectif qui monopolisera votre attention, vous insufflera de l'énergie, et vous inspirera de l'espoir «. - **Andrew Carnegie**

« Lorsqu'une porte se ferme il y en a une qui s'ouvre. Malheureusement nous perdons tellement de temps à contempler la porte fermée que nous ne voyons pas celle qui vient de s'ouvrir. « -- **Alexander Graham Bell**

«Tous les pouvoirs dorment dans ton esprit, comme les diamants dans la mine. Il ne tient qu'à toi d'y descendre, muni de la lampe de sagesse». - **Proverbe indien**

«Tout ce que nous maintenons dans notre conscience pour une certaine durée s'imprime sur notre subconscient et devient un modèle que l'énergie créatrice brandira dans notre vie et dans notre environnement». - **Charles F. Haanel**

«Nous passons souvent beaucoup de temps avec des problèmes sur notre chemin que nous oublions pourquoi nous sommes sur cette voie, en premier lieu. Le résultat est que nous n'avons qu'une vue faible, ou même inexacte, de ce qui est vraiment important pour nous». - **Peter Senge**

«Il y a toujours un risque quand on entreprend quelque chose. Mais le risque doit être pris parce que le plus grand danger de la vie est de ne rien risquer. La personne qui risque rien ne fait rien, n'a rien, n'est rien. Il peut éviter la souffrance et le chagrin, mais il ne peut simplement pas apprendre, sentir, changer, grandir, vivre et aimer». - **Leo Buscaglia**

«Un effort sincère pour maintenir la présence de notre cœur nous aide à rester conscient de notre niveau d'énergie et faire des ajustements nécessaires pour soutenir notre vitalité tout au long de la journée. Maintenir la présence du cœur signifie que nous sommes plus en mesure d'entendre les intuitions de notre cœur et d'agir sur elles afin que nous ne glissions pas dans des pertes d'énergie comme l'anxiété, le surmenage ou le blâme qui entraîne la fatigue» - **Doc Childre**

«Le choix entre l'amour et la peur est fait à chaque instant dans nos cœurs et nos esprits. Voilà où commence le processus de paix. Sans la paix à l'intérieur, la paix dans le monde est un souhait vide. Comme l'amour, la paix est étendu. Il ne peut pas être porté du monde vers le cœur. Il doit venir de chaque cœur à un autre et donc à toute l'humanité». - **Paul Ferrini**

«Lorsque tu poursuivras ton bonheur, des portes s'ouvriront où tu ne pensais pas en trouver et où il n'y aurait pas de porte pour un autre que toi... - **Joseph Campbell**

«Vous ne pouvez pas toujours être capable de sentir un profond sentiment tout de suite, mais rester concentré dans le cœur. La sincérité de votre effort peut vous reconnecter au courant de votre cœur. Pour vous y brancher, penser à quelqu'un que vous aimez ou pensez à ce qui vous fait sentir bien, peut-être une expérience enrichissante. Les sentiments aident à vous souvenir». - **Sara Paddison**

«Nous devons toujours nous changer, nous renouveler, nous rajeunir nous-mêmes ; dans le cas contraire, nous durcissons». - **Goethe**

«Pour créer il faut une force dynamique, et quelle force est plus puissante que l'amour ?» - **Igor Stravinsky**

«La compassion n'est pas automatique. Cela demande de la pratique et une prise de conscience, comme jouer du piano ou au golf. Cependant, vous avez de nombreuses possibilités de le pratiquer. Tous ceux que vous rencontrez peut être votre session d'exercices pratiques». - **Doc Chidre**

«Tout ce que je vais faire est juste d'aller de l'avant et faire ce que je ressens». - **Jimi Hendrix**

«Tout ce que l'on sème nous revient multiplié un jour ou l'autre et nous construit ou détruit en fonctions de l'amour que nous y aurons mis». - **Joéliah**

« Aimer c'est l'art d'être avec d'autres, méditer c'est l'art d'être en relation avec soi même, laisser l'amour et la méditation être vos deux ailes « - **Osho**

«La vie est belle et riche, elle est une bénédiction. Elle dépend de notre volonté; car sans volonté, elle serait abandonnée au hasard» - **Confucius**

«En cherchant à comprendre l'autre, nous ouvrons notre cœur. Quand notre cœur est ouvert, nous ne sommes plus deux corps, nous sommes une seule âme». - **Isira**

«La paix ne peut pas être atteinte par la violence, elle ne peut être atteinte que par la compréhension». - **Ralph Waldo Emerson**

«Je ne crois pas qu'une civilisation se mesure à la taille de ses édifices de béton, mais plutôt au degré auquel ses gens ont appris à être en relation avec leur environnement et leur prochain». - **Sun Bear**

« La meilleure façon de surmonter les sentiments et les pensées négatives ou indésirables est de cultiver des pensées positives «. - **William Walker Atkinson**

«L'amour est de toutes les passions le plus fort, car il s'attaque en même temps à la tête, au cœur et à nos sens». - **Lao Tseu**

«La caractéristique de pessimistes, c'est qu'ils ont tendance à croire que les mauvaises circonstances vont durer longtemps, que cela nuira à tout ce qu'ils font et que c'est de leur propre faute. Les optimistes, qui sont confrontés aux mêmes coups durs de ce monde, pense dans le sens inverse. Ils ont tendance à croire que la défaite est juste un revers temporaire ou un défi, que ses causes sont seulement limitées à la présente affaire». - **Martin Seligman**

«Quand on comprend que la spiritualité n'est pas une sorte de dogme religieux ou idéologique, mais quel est le domaine de la prise de conscience où nous faisons l'expérience des valeurs comme la vérité, la bonté, la beauté, l'amour,la compassion, l'intuition, la créativité, la perspicacité et l'attention focalisée». - **Deepak Chopra**

« Fais de chaque jour un tremplin pour remplir ta vie d'aventure, de passion et d'énergie en y injectant de nouvelles découvertes à explorer !» - **Robin Sharma**

«Ce que nous pensons, ce que nous savons ou ce que nous croyons est, en fin de compte, de peu de conséquence. La seule conséquence est ce que nous «Faisons». - **John Ruskin**

«Nos habitudes de pensée ne sont pas permanentes. Une des découvertes les plus importantes en psychologie dans les vingt dernières années est que les individus peuvent choisir leur façon de penser». - **Martin Seligman**

« Profite de chaque minute de ta vie. Sois heureux maintenant. N'attends pas pour te faire plaisir. Souviens-toi que le temps est vraiment précieux. Chaque minute que tu passes avec ta famille ou tes amis doit être appréciée et savourée» - **Earl Nightengale**

«Tout être humain manipule les Energies constamment dans ses actes de la vie quotidienne, par ses pensées, ses émotions, ses paroles. Le Magicien blanc est celui qui agit en toute Conscience, parvenu à l'état de maitrise de ces énergies».- **Maât-Saâhem**

«Il n'y a pas de route royale à quoi que ce soit, une chose à la fois, toutes choses se succèdent. Ce qui pousse vite, se dessèche plus rapidement. Ce qui pousse lentement, perdure». - **J. G. Holland**

«À l'intérieur de la graine de votre désir se trouve tout le nécessaire pour lui permettre de s'épanouir à sa mise en œuvre. Et la Loi de l'Attraction est le moteur qui fait le travail. Votre travail est juste de lui donner une place croissante fertile afin qu'elle grandisse». - **Abraham**

« La guérison ne consiste pas forcément à aller mieux, mais à abandonner tout ce qui n'est pas vous - toutes les attentes, toutes les croyances - et à devenir qui vous êtes.» - **Rachel Naomi Remen**

«Lorsque nous ressentons de l'amour et de la gentillesse envers les autres, non seulement nous nous sentons aimés et appréciés, mais cela nous aide aussi à développer le bonheur intérieur et la paix.» - **Dalaï Lama**

«J'ai appris que les gens vont oublier ce que vous avez dit, les gens vont oublier ce que vous avez fait, mais les gens n'oublieront jamais ce que vous leur avez fait ressentir.» - **Maya Angelou**

«La vie est un défi, répondez-y! La vie est un rêve, réalisez-le! La vie est un jeu, jouez le! La vie est amour, profitez-en!» - **Sathya Sai Baba**

« Le succès n'est pas une destination, mais la route sur laquelle vous êtes. Le succès signifie que vous travaillez dur et que vous faites ce que vous dites chaque jour. Vous ne pouvez vivre votre rêve qu'en travaillant dur pour le réaliser. C'est vivre votre rêve.» - **Marlon Wayans**

«Beaucoup de gens entreront et sortiront de votre vie, mais seuls de vrais amis laisseront des traces de pas dans votre cœur» - **Eleanor Roosevelt**

«Escaladez la montagne, non pas pour planter votre drapeau, mais pour relever le défi, profiter de l'air et contempler la vue. Grimpez dessus pour voir le monde, et non pour que le monde puisse vous voir.» - **David McCullough**

«Je peux accepter l'échec, tout le monde échoue à quelque chose. Mais je ne peux pas accepter de ne pas essayer.» - **Michael Jordan**

«Même si seulement quelques individus essaient de créer la paix mentale et le bonheur en eux-mêmes, et agissent de manière responsable et avec bienveillance envers les autres, ils auront une influence positive dans leur communauté.» - **Dalaï Lama**

«Vous ne trouverez que le bonheur que vous recherchez lorsque vous laissez tomber votre attitude négative envers la vie, embrasser la vie et être heureux.» - **Leon Brown**

«Parfois, le plus grand amour ne se trouve pas dans les scènes dramatiques que les poètes et les écrivains immortalisent. Souvent, les plus grandes manifestations de l'amour sont les simples actes de bonté et de sollicitude que nous portons à ceux que nous rencontrons le long du chemin de la vie.» - **Joseph B. Wirthlin**

«Personne ne peut vivre ma vie pour moi. Si je suis sage, je commencerai aujourd'hui à construire mon propre monde plus vrai et meilleur de l'intérieur.» - **Horatio Dresser**

«La vie est comme une caméra. Concentrez-vous sur ce qui est important. Capturez les bons moments. Et si les choses ne marchent pas, prenez un autre capture.» - **Ziad K. Abdelnour**

«Un homme doit être assez grand pour admettre ses erreurs, assez intelligent pour en tirer profit et assez fort pour les corriger.» - **John C. Maxwell**

« L'esprit intuitif est un don sacré et l'esprit rationnel est un serviteur fidèle. Nous avons créé une société qui honore le serviteur et a oublié le don.» - **Albert Einstein**

«Si vous faites de votre mieux, vous n'aurez pas le temps de vous inquiéter de l'échec.» - **H. Jackson Brown Jr**

«Le secret pour vivre une vie d'excellence est simplement de penser à des pensées d'excellence. Vraiment, il s'agit de programmer notre esprit avec le genre d'information qui nous libérera.» - **Charles R. Swindoll**

«Le temps est la monnaie de ta vie. C'est la seule monnaie que vous avez, et vous seul pouvez déterminer comment elle va être dépensée. Faites attention à ne pas laisser d'autres personnes la dépenser pour vous.» - **Carl Sandburg**

« Il n'est jamais trop tard, peu importe votre âge, car à tout moment ou à tout moment de votre vie, vous pouvez toujours avoir une chance de faire une différence. Vous pouvez toujours faire un changement pour le mieux, quel que soit d'ou vous venez. Vous pouvez toujours faire de votre mieux et être tout ce que vous pouvez être parce que vous serez toujours unique. C'est pourquoi il est toujours sage d'écouter votre cœur éternel, vos instincts éternels, et ce qu'il a toujours cherché et / ou fait parce que n'importe qui peut vraiment faire la différence non seulement dans sa propre vie mais dans celle des autres. Il n'est jamais trop tard pour briller; jamais.» - **George Eliot**

«Si vous remontez quelques centaines d'années en arrière, ce que nous prenons pour acquis aujourd'hui semblerait magique: pouvoir parler aux gens sur de longues distances, transmettre des images, voler, accéder à de grandes quantités de données comme un oracle. Ce sont toutes des choses qui auraient été considérées comme magiques il y a quelques centaines d'années.» - **Elon Musk**

«Vous êtes maintenant à la croisée des chemins. C'est votre chance de prendre la décision la plus importante que vous ferez jamais. Oublie ton passé. Qui es-tu maintenant? Qui as-tu décidé que tu es vraiment maintenant? Ne pense pas à qui tu as été. Qui es-tu maintenant? Qui as-tu décidé de devenir? Prenez cette décision consciemment. Faites-le avec soin. Faites-le puissamment.» - **Tony Robbins**

« Vous pouvez être découragé par l'échec, ou vous pouvez en tirer des leçons. Alors allez-y et faites des erreurs, faites tout ce que vous pouvez. Parce que, rappelez-vous que c'est là que vous trouverez le succès - de l'autre côté de l'échec.» - **Thomas J. Watson**

« Aimez-vous d'abord et tout le reste tombe dans la ligne. Vous devez vraiment vous aimer pour faire quelque chose dans ce monde.» - **Lucille Ball**

« Je mesure la richesse par les amis que j'ai et les êtres chers que j'ai et par les gens que je me soucie dans ma vie, et c'est là mes valeurs et c'est là que mes richesses sont.» - **Ann Romney**

« Il n'y a pas quelque chose que tu es supposé faire. Il n'y a pas quelque chose que tu devrais faire. Il n'y a que ce que vous êtes inspiré à faire. Et comment êtes-vous inspiré sauf par les contrastes de la vie? C'est l'expérience de la vie qui vous donne l'idée du désir, et ensuite, lorsque vous vous concentrez sur le désir, l'énergie circule.» - **Abraham**

« L'amour entre l'homme et la femme est une danse de joie, une haute célébration de vie. L'homme et la femme font l'expérience de l'amour universel dans un même corps.» - **Sagesse amérindienne**

« Vivez selon ces principes: Recherchez la simplicité, Comprenez l'essentiel en toute chose, Surmontez votre égoïsme et vos désirs sans fin. « - **Tao Te Ching**

« Ne dis que la vérité, ne parle que des bonnes qualités des autres, sois un confident et ne répands aucune rumeur, écarte le voile de la colère pour libérer la beauté inhérente à chacun.» - **Sagesse amérindienne**

« Il n'existe pas de défaite, si ce n'est de l'intérieur. il n'existe réellement aucune barrière insurmontable si ce n'est votre propre faiblesse naturelle quant au but poursuivi « - **Ralph Waldo Emerson**

« La patience est le pouvoir. La patience n'est pas une absence d'action; c'est plutôt le «timing», c'est attendre au bon moment pour agir, pour les bons principes et de la bonne manière.» - **Fulton J. Sheen**

« Ne gaspillez pas votre énergie à essayer de convaincre les gens de vous comprendre. Votre temps est trop précieux pour essayer de vous prouver aux gens.» - **Joel Osteen**

«La vérité est simple. Si elle était compliqué, tout le monde la comprendrait.» - **Walt Whitman**

«Il y a trois personnes en vous-même: ce que les autres pensent de vous, ce que vous pensez être et ce que vous êtes réellement?» - **William Shakespeare**

« Pour avoir de nouvelle idée, il faut détruire les anciennes, abandonner les vieilles opinions, observer et concevoir de nouvelles pensées. Apprendre, c'est changer vos opinions ou pensées « - **B. J. Palmer**

« Ne fais pas de comparaison, considère chaque chose pour ce qu'elle est. Respecte toute vie, dégage ton cœur de l'ignorance, ne tue pas et ne nourris pas de pensées coléreuses.» - **Sagesse amérindienne**

« Nous avons en nous un pouvoir qui est plus grand que tout ce dont nous serons en contact avec l'extérieur, un pouvoir qui peut surmonter tous les obstacles dans notre vie et nous garder en sûreté, satisfaits, en paix, en santé et prospères, sous une nouvelle lumière, et dans une nouvelle vie « - **Ernest Holmes**

« L'enthousiasme est l'un des moteurs les plus puissants du succès. Lorsque vous faites une chose, faites-le avec toutes vos forces. Mettez toute votre âme en elle. Estampillez-là avec votre propre personnalité. Soyez actif, soyez énergique, soyez enthousiaste et fidèle, et vous accomplirez votre objectif. Rien de grand n'a jamais été accompli sans enthousiasme.» - **Ralph Waldo Emerson**

« Quand vous formez une image dans votre esprit de ce que vous aimeriez être, et vous gardez et maintenez cette image assez longtemps, vous allez bientôt devenir exactement comme vous l'avez pensé.»- **William James**

« Tout ce que votre esprit conscient assume et croit être vrai, votre subconscient l'accepte et le réalise. Croyez dans la bonne fortune, la guidance divine, l'action juste et en toutes les bénédictions de la vie «- **Joseph Murphy**

« La reconnaissance est la mémoire du cœur « - **Henri Lacordaire**

« La spiritualité est la bonté naturelle. Dieu n'est pas une personne; Dieu est une présence personnifiée en nous. La spiritualité n'est pas une chose; C'est l'atmosphère de la Présence de Dieu, de la bonté, de la vérité et de la beauté «. - **Ernest Holmes**

« La modération est le trésor du sage « - **Voltaire**
« Nous avons en nous un pouvoir qui est plus grand que tout ce dont nous serons en contact avec l'extérieur, un pouvoir qui peut surmonter tous les obstacles dans notre vie et nous garder en sûreté, satisfaits, en paix, en santé et prospères, sous une nouvelle lumière, et dans une nouvelle vie « - **Ernest Holmes**

« La parfaite raison fuit toute extrémité, et veut que l'on soit sage avec sobriété « - **Molière**

« Ce ne sont pas les richesses qui font le bonheur, mais l'usage qu'on en fait « - **Miguel de Cervantès**

« La prière ne doit pas se réduire à répéter des formules: elle doit être à la fois action, concentration et contemplation « - **Ostad Elahi**

« Celui qui, par quelque alchimie, sait extraire de son cœur, pour les refondre ensemble, compassion, respect, besoin, patience, regret, surprise et pardon crée cet atome qu'on appelle l'amour « -- **Khalil Gibran**

« Il n'y a pas de maîtrise à la fois plus grande et plus humble que celle que l'on exerce sur soi « - **Léonard de Vinci**

« Ne te laisse pas distraire par les événements extérieurs ! Prend le temps d'apprendre quelque chose de bon et cesse de papillonner ! « - **Marc-Aurèle**

« Ne soyez pas inaccessible. Personne n'est tellement parfait qu'il n'ait parfois besoin de l'avis des autres. Seul un imbécile incorrigible n'écoute jamais personne, même l'intellect le plus brillant devrait trouver place pour un conseil amical « - **Baltasar Gracián y Morales**

«Un acte de justice et de douceur a souvent plus de pouvoir sur le cœur des hommes que la violence et la barbarie» - **N.Machiavel**

« On ne peut aller loin dans l'amitié, si l'on n'est pas disposé à se pardonner les uns aux autres les petits défauts « - **La Bruyère**
« Par la rue de « Plus tard «, on arrive à la place de « Jamais « - **Proverbe espagnol**

« Tous les hommes ont évidemment besoin de nourriture... Mais il y a autre chose dont nous avons besoin : c'est de savoir qui nous sommes et pourquoi nous vivons « - **Jostein Gaarder**

« Le fer se rouille, faute de s'en servir, l'eau stagnante perd de sa pureté et se glace par le froid. De même, l'inaction sape la vigueur de l'esprit « - **Léonard de Vinci**

« S'intérioriser sans exagération - S'extérioriser sans démesure - Savoir se tenir au juste milieu. Ce sont là trois éléments d'essor « - **Tchouang Tseu**

« Nos doutes nous assaillent et nous font échouer. Et nous manquons le but que nous pourrions atteindre par crainte seulement de ne point l'atteindre « - **William Shakespeare**

« L'amour est la plus universelle, la plus formidable et la plus mystérieuse des énergies cosmiques « - **Pierre Teilhard de Chardin**

« La Vie te donnera l'expérience qui est le mieux adaptée pour l'évolution de ta conscience « - **Eckhart Tolle**

« Qui s'embarrasse à regretter le passé perd le présent et risque l'avenir « - **Francisco de Quevedo**

«Si votre quotidien vous paraît pauvre, ne l'accusez pas. Accusez-vous vous-même de ne pas être assez poète pour appeler à vous ses richesses». - **Rainer Maria Rilke**

« L'humour a non seulement quelque chose de libérateur, mais encore quelque chose de sublime et d'élevé « - **Sigmund Freud**

«Ce n'est pas ce qui vous arrive qui vous rend heureux ou malheureux, mais la façon dont vous choisissez d'y réagir. Dès l'instant où vous vous acceptez, les choses se mettent à changer pour le mieux. En devenant conscient et en cessant de vous juger, vous vous êtes déjà amélioré». - **Don Miguel Ruiz**

«Un sourire chaleureux est le langage universel de la bonté». - **William Arthur Ward**

« Suis ton rêve... Si tu trébuches, n'arrête pas et ne perds pas de vue ton objectif. Continue vers le sommet, car ce n'est qu'au sommet que tu auras une vue d'ensemble « - **Amanda Bradley**

« La croissance et le changement peuvent être douloureux, mais rien n'est plus pénible que de rester coincé quelque part où tu ne veux plus être» - **Mandy Hale**

«L'énergie de l'esprit est l'essence de la vie». - **Aristote**

«Je considère la conscience comme fondamentale. Je considère la matière comme dérivé de la conscience. Nous ne pouvons pas passer derrière la conscience. Tout ce que nous parlons, tout ce que nous considérons comme existant, postule la conscience». - **Max Planck**

« Le bonheur, souvent, se construit au détriment de quelqu'un, et ce n'est plus le bonheur. Le vrai bonheur est de mettre son bonheur dans le bonheur d'un autre» – **Jacques De Bourbon Busset**

«Le jeu de la vie est un jeu de boomerangs. Nos pensées, nos actes et nos paroles nous retournent tôt ou tard avec une précision étonnante». - **Florence Scovel Shinn**

«La chose la plus authentique sur nous les humains est notre capacité de créer, à surmonter, à endurer, à transformer, à aimer et à dépasser nos souffrances». - **Ben Okri**

«Rien ne vous emprisonne excepté vos pensées. Rien ne vous limite excepté vos peurs. Et rien ne vous contrôle excepté vos croyances.» - **Marianne Williamson**

«Je sais que la vie vaut la peine d'être vécue, que le bonheur est accessible, qu'il suffit «simplement» de trouver sa vocation profonde, et de se donner à ce qu'on aime avec un abandon total de soi». - **Romain Gary**

«Il n'y a pas eu un seul moment de votre vie où vous n'aviez pas le choix, jamais. En fait, vous avez créé les circonstances de votre vie, y compris cet espace que vous appelez « je n'ai pas le choix «. Mais vous avez le choix. Et chaque choix que vous effectuez, chaque décision que vous prenez, chaque pensée que vous avez, chaque mot que vous prononcez, est une annonce et une déclaration de qui vous croyez être et de qui vous choisissez d'être. Tout acte est un acte d'autodéfinition». - **Neale. D. Walsch**

« Quand on voyage vers un objectif - il est très important de prêter attention au chemin. C'est toujours le chemin qui nous enseigne la meilleure façon d'y parvenir et il nous enrichit à mesure que nous le parcourons. «- **Paulo Coelho**

«Qu'est-ce que la Nature ? Pourquoi je ne te nomme pas Dieu ? N'es-tu pas le Vêtement Vivant du Divin ? « - **Carlyle**

«La révélation de Dieu est écrit dans la conscience humaine ; le sol de toutes certitudes est dans l'homme, pas à aucune autorité extérieure à sa nature. Afin de connaître le chemin qui mène à Dieu et à le considérer avec certitude, nous n'avons aucun besoin d'aide étrangère, mais de nous seuls. Comme Dieu est au-dessus de tout, le chemin qui mène à lui est ni lointain ni hors de nous, ni difficile à trouver. Étant donné que nous avons en nous le Royaume de Dieu, nous pouvons facilement contempler et concevoir le roi de l'univers, la raison salutaire du père universel. Si quelqu'un me demande quel est le moyen, je réponds que c'est dans l'âme de chacun et dans l'intelligence qui la renferme.» - **Athanasius**

«La Magie - c'est de Croire en Vous-même. Si vous pouvez faire cela, vous pouvez faire n'importe quoi». - **Johann Wolfgang Goethe**

«La bonne humeur est le meilleur promoteur de la santé et elle est aussi respectueuse de l'esprit et du corps». - **Joseph Addison**

«L'activité la plus élevée qu'un être humain peut atteindre est d'apprendre pour comprendre, parce que Comprendre est Libérateur». - **Baruch Spinoza**

«Celui qui a trouvé la paix intérieure, et qui a donc été «Éclairé», qui trouve sa joie et son bonheur en lui-même - et qui reconnaît que le

Royaume des cieux est en lui --- en vérité, il gagne la paix du Soi véritable, parce qu'il s'est mélangé avec son Vrai Soi en lui. Ceux, de qui l'illusion de la dualité et de la séparation a été supprimée, voient toute Vie comme Un, et émanant de l'Un». - **Bhagavad Gita**

«L'enthousiasme possède une fréquence énergétique élevée qui entre en résonance avec le pouvoir créatif de l'univers». - **Eckhart Tolle**

«Tout dans votre monde commence par une pensée. Utilisez donc vos pensées pour donner à tout un commencement puissant et positif». - **Ralph Marston**

« Dieu est l'âme de toutes choses. Il est la lumière qui brille en nous quand le voile est lever. « - **Eckhardt**

«Un sens de l'humour bien développé est le pôle qui ajoute équilibre à votre démarches en vous promenant sur la corde raide de la vie». - **William Arthur Ward**

«Une attitude positive provoque une réaction en chaîne de pensées positives, d'événements et de résultats positifs. C'est un catalyseur qui suscite des résultats extraordinaires». - **Wade Boggs**

«Ce que tu qualifies d'impossible est simplement l'expression de tes limites, de ce que ton esprit croit possible». - **Dominique Allaire**

«La seule liberté qui mérite le nom est celle de poursuivre notre propre bien, à notre façon, tant que nous ne tentons pas de priver les autres de leur liberté, ou entraver leurs efforts pour l'obtenir». - **John Stuart Mill**

«Se préparer au pire. Espérer le meilleur. Prendre ce qui vient». - **Confucius**

«C'est au cours de nos moments les plus sombres que nous devons nous concentrer pour voir la lumière». - **Aristotle Onassis**

«Apprenez du passé et ayez des objectifs détaillés pour l'avenir. Mais vivez dans l'unique moment sur lequel vous avez le contrôle : maintenant». - **Denis Waitley**

«Peu importe ce que tu vis, il y a une lumière au bout du tunnel. Il peut sembler difficile d'y arriver, mais tu peut le faire, continue seulement à travailler vers lui et vous trouverez le côté positif des choses». - **Demi Lovato**

«Nous gagnons en force en courage et en confiance de chaque expérience dans laquelle nous regardons la peur en face... nous devons faire ce que nous pensons que nous ne pouvons pas». - **Eleanor Roosevelt**

«Faites-Vous confiance. Créer le genre de soi que vous serez heureux de vivre avec toute votre vie. Tirer le meilleur de vous-même en attisant les minuscules étincelles de possibilité à l'intérieur de vous en flammes de succès». - **Golda Meir**

«Vivre en pleine conscience, ralentir son pas et goûter chaque seconde et chaque respiration, cela suffit». - **Thich Nhat Hanh**

«La force ne vient pas en gagnant. Vos épreuves développent votre force. Quand vous allez à travers les épreuves et décidez de ne pas abandonner, c'est cela la vraie force». - **Arnold Schwarzenegger**

«Emporte dans ta mémoire, pour le reste de ton existence, les choses positives qui ont surgi au milieu des difficultés. Elles seront une preuve de tes capacités et te redonneront confiance devant tous les obstacles.» - **Paulo Coelho**

«Il en faut très peu pour avoir une vie heureuse -- Tout est à l'intérieur de vous, dans votre façon de penser». - **Marcus Aurelius**

«La vie est un rêve pour le sage, un jeu pour le fou, une comédie pour les riches, une tragédie pour les pauvres». - **Sholom Aleichem**

66

La vie, c'est comme une
bicyclette, il faut avancer pour ne
pas perdre l'équilibre.

ALBERT EINSTEN

«Je ne suis pas préoccupé si vous m'aimez ou ne m'aimez pas... Tout ce que je demande est que vous me respectez comme un être humain». - **Jackie Robinson**

«Ce qui importe est de vivre dans le présent, vivez maintenant, car chaque instant est maintenant. Ce sont vos pensées et vos actes du moment qui créent votre avenir. Les grandes lignes de votre futur existent déjà, car vous avez créé son motif dans votre passé». - **Sai Baba**

«Tout le mystère du monde est dans notre esprit. Toutes les structures de notre esprit sont projetées à l'extérieur, sur le monde». - **Edgar Morin**

«Impose ta chance, serre ton bonheur, va vers ton risque. A te regarder, ils s'habitueront». - **René Char**

«Bienheureux celui qui a appris à rire de lui-même : il n'a pas fini de s'amuser ! « - **Joseph Folliet**

«La plus grande manière de vivre avec honneur dans ce monde consiste à être ce que nous prétendons être». - **Socrate**

«Toutes les situations de la vie vous enseignent, et c'est souvent les situations les plus difficiles qui vous enseignent le mieux».- **Pema Chodron**

«Le guerrier se concentre sur les petits miracles de la vie quotidienne. S'il est capable de voir ce qui est beau, c'est qu'il porte en lui la beauté puisque le monde est un miroir qui renvoie à chacun l'image de son propre visage». - **Paolo Coelho**

« Vivre dans la revendication constante de son bonheur, revient à être victime de ses attentes... Accueillir toute situation comme occasion de se transformer, c'est grandir véritablement « - **Yvan Amar**

«Quand la vie devient difficile, permettez-vous de ressentir la douleur dans l'instant. Aller avec elle pour aussi longtemps que cela dure et regarder-là se dissoudre. Le plaisir et la douleur sont simplement des États d'esprit, plutôt que des situations. Chaque situation est neutre». - **Daniel Levin**

«Nous pouvons seulement faire ce que nous pensons pouvoir faire. Nous pouvons seulement être ce que nous pensons pouvoir être. Nous pouvons seulement avoir ce que nous pensons pouvoir posséder. Ce que nous faisons, ce que nous sommes, ce que nous avons, tout cela dépend de nos pensées! - **Robert Collier**

«Détache toi de l'ancre de ton passé et laisse toi dériver au bon gré des courants de la vie. La confiance et l'espoir sauront te guider à bon port! - **Daniel Desbiens**

«Le monde des hommes a oublié les joies du silence, la paix de la solitude, ce qui est nécessaire, dans une certaine mesure, pour la plénitude de la vie humaine. L'homme ne peut pas être heureux pour longtemps sauf s'il est en contact avec les ressorts de la vie spirituelle qui sont cachent dans les profondeurs de son âme. Si l'homme est exilé constamment de sa propre maison, verrouillé hors de sa solitude spirituelle, il cesse d'être une vraie personne». - **Thomas Merton**

«Le seul moyen pour libérer un peuple est d'éclairer leur esprit, de leur enseigner comment leur monde pouvait être en comprenant les mensonges qu'ils ont appris dès le berceau. Pour cette raison, les dirigeants font toujours taire ceux qui disent la vérité». - **S. James Nelson**

«La plus grande étreinte d'amour que vous ne ferez jamais est de vous embrasser complètement. Ensuite, vous vous rendrez compte que vous avez embrassé l'univers entier et tout le monde en lui». - **Adyashanti**

«L'apathie peut être surmonté par l'enthousiasme, et l'enthousiasme peut seulement être motivé par deux choses : Premièrement, un idéal, qui prend de l'imagination et, deuxièmement, un plan intelligible défini pour mener cet idéal en pratique». - **Arnold J. Toynbee**

« La Vie te donnera l'expérience qui est le mieux adaptée pour l'évolution de ta conscience «- **Eckhart Tolle**

« Je deviens ce que je vois en moi même. Tout ce que la pensée me suggère, je peux le faire, tout ce que la pensée me révèle, je peux le devenir. Telle devrait être l'inébranlable foi de l'homme en lui-même, car Dieu habite en lui. « - **Sri Aurobindo**

« Il existe trois types de personnes: Celles qui créent les choses, celles qui observent les choses se créer et celles qui se demandent ce qui vient de se passer « – **Mary Kay Ash**

« Le bonheur est quelque chose qui se multiplie quand il se divise. « - **Paulo Coelho**

« Un pessimiste voit la difficulté dans chaque opportunité; un optimiste voit l'opportunité dans chaque difficulté « – **Winston S. Churchill**

«La théorie quantique nous dit que le monde n'est pas simplement objectif ; en quelque sorte, c'est quelque chose de plus subtil que cela. Dans un certain sens, il est voilé de notre part, mais il a une structure que nous pouvons comprendre». - **John Polkinghorne**
« La défaite ne peut être une option. Retire-la de ton esprit « – **Joan Lunden**

« Pour surmonter les obstacles, il faut faire de chaque échec un tremplin, savoir en tirer une leçon et avancer plus loin « – **Anthony Robbins**

« L'amour: le plus puissant processus cérébral du monde qui génère à la fois une joie et une détresse immenses « – **Helen Fisher**

«Ce n'est pas l'ignorance, mais le savoir qui est la mère de l'émerveillement».- **Joseph Wood Krutch**

«Tu ne pourras jamais rattraper La pierre après l'avoir lancée; Les mots après les avoir dit; L'occasion après l'avoir perdue et le temps après qu'il soit passé» – **Victor Betis**

«Une détermination invincible peut accomplir presque n'importe quoi et en cela réside la grande distinction entre les grands hommes et les hommes petits». - **Thomas Fuller**

«Cette conviction émotionnelle profonde de la présence d'un pouvoir supérieur de raisonnement, qui se révèle dans l'univers incompréhensible, forme mon idée du Divin». - **Albert Einstein**

«Alors que je vis, comme le dirigeant de la vie, pas un esclave, pour répondre à la vie comme un puissant conquérant, et rien d'extérieur à moi ne peut me contrôler». - **Walt Whitman**

«Le corps humain est un temple sacré. Le sanctuaire externe de l'âme, à la différence des temples faits avec les mains. Il est construit à partir de l'intérieur. C'est le summum du bricolage matériel de Dieu ; le chef-d'œuvre de l'architecte divin. La statue vivante est modélisée et façonnée avec la symétrie, la grâce et la délicatesse transcendante. C'est un univers en miniature, un épitomé de l'univers naturel». - **Henry Wood**

«Ne te demande pas ce dont le monde a besoin, demande-toi ce qui te rend vivant, et ensuite vas-y et fais-le. Car ce dont le monde a besoin c'est de personnes vivantes». - **Thurman Whitman**

«La Visualisation consiste a former et a maintenir une Image mentale des choses et des conditions, que vous souhaitez actualiser. L'Image mentale tend à créer pour lui le matériel et la forme objective et son existence. C'est le modèle mental autour desquels les conditions matérielles ont tendance à se regrouper». - **William Atkinson**

«L'amour est le remède miracle. S'aimer soi-même fait des miracles dans nos vie». - **Louise Hay**

«Le meilleur remède pour ceux qui sont dans la peur, dans la solitude ou malheureux est d'aller à l'extérieur, dans un endroit où ils peuvent être silencieux, seul avec le ciel, la nature et le divin. Car c'est seulement alors que l'on sent que tout est comme il se doit». - **Anne Frank**

«Le Destin n'est pas fait pour nous écraser ni pour nous punir. Il est fait pour nous contraindre à grandir.» - **Satprem**

«La différence entre un optimiste et un pessimiste ? Un optimiste rit pour oublier, mais le pessimiste oublie de rire. « - **Tom Bodett**

« N'attendez pas jusqu'à ce que tout soit parfait. Ca ne sera jamais parfait. Il y aura toujours des défis, des obstacles et des conditions moins idéales. Et alors. Commencez dès maintenant. Avec chaque pas que vous prenez, vous grandirez plus fort et plus fort, plus qualifiés, plus confiant et avec de plus de succès.» - **Mark Victor Hansen**

«En raison de la Loi de la gravitation la pomme tombe sur le sol. En raison de la Loi de la croissance, le gland devient un chêne puissant. En raison de la Loi de causalité, un homme est « ce qu'il pense en son cœur. « Rien ne peut arriver sans sa cause adéquate. « - **Carlos Musser**

«La vie est pleine de beauté. Remarquez-le. Remarquez le bourdon, le petit enfant et les visages souriants. Sentez l'odeur de la pluie et sentez le vent. Vivez votre vie à votre plein potentiel et persévérez dans vos rêves. «- **Ashley Smith**

« Être le meilleur est bien, car tu es le premier; Être unique est encore mieux, car tu es le seul « - **Wilson Kanadi**

«La clé pour obtenir ce que vous désirez est d'imaginer que vous l'avez déjà obtenu, de prétendre que l'objet de votre désir fait déjà partie de votre réalité, de visualiser que vous en profitez pleinement». - **Esther et Jerry Hicks**

« Le succès est simple... Faire ce qui est juste, de la bonne façon, et au bon moment. « - **Arnold H. Glasgow**

«C'est l'attitude mentale victorieuse, la conscience de sa puissance, le sentiment de maîtrise, qui fait de grandes choses dans ce monde». - **Orison S. Marden**

« Nous ne pouvons pas changer notre passé... nous ne pouvons pas changer le fait que les gens agiront d'une certaine manière. Nous ne pouvons pas changer l'inévitable. La seule chose que nous pouvons faire est de jouer sur la seule corde que nous avons, et c'est notre attitude. Je suis convaincu que la vie est de 10 % ce qui m'arrive et 90 % de comment je réagis à cela. Et c'est ainsi avec vous... nous sommes responsables de nos Attitudes. « - **Charles R. Swindoll**

«Par trois méthodes nous pouvons apprendre la sagesse : tout d'abord, grâce à la réflexion, qui est la plus noble. En second lieu, par imitation, qui est le plus facile ; et la troisième par l'expérience, qui est la plus amère». - **Confucius**

«Une bonne tête et un bon cœur sont toujours une combinaison formidable».- **Nelson Mandela**

«L'univers est rempli de magie et il attend patiemment que notre intelligence s'affine.» - **Eden Philpots**

«Notre plus grande faiblesse réside dans l'abandon. La façon plus certaine de réussir est toujours d'essayer juste une fois de plus». - **Thomas Edison**

«Votre situation actuelle ne détermine pas où vous pouvez aller ; elle détermine simplement où vous pouvez commencez». - **Nido Qubein**

«Le Divin dort dans les minéraux, s'éveille dans les plantes, marche dans les animaux et pense dans l'homme». - **Arthur Young**

«La paix ne peut être atteinte par la violence, elle ne peut être atteinte que grâce à la compréhension». - **Ralph Waldo Emerson**

«Vous n'êtes jamais trop vieux pour définir un autre but ou à rêver de nouveau rêve». - **C. S. Lewis**

« On ne peut mieux vivre qu'en cherchant à devenir meilleur, ni plus agréablement qu'en ayant la pleine conscience de son amélioration. « - **Socrate**

«On ne passe jamais de l'erreur à la vérité, mais toujours d'une vérité plus petite à une vérité plus grande» - **Anonyme**

«Les gens qui vivent dans la terreur de l'échec ne réalisent jamais leur potentiel. Si l'on apprend pas à échouer - on échoue à apprendre». - **Tal Ben Shahar**

« L'homme devient souvent ce qu'il croit être. Si je continue à me dire que je ne peux pas faire une certaine chose, il est possible que je puisse finir par devenir vraiment incapable de le faire. Au contraire, si j'ai la conviction que je peux le faire, je vais sûrement acquérir la capacité de le faire, même si je ne peux pas l'avoir dès le début» - **Mahatma Gandhi**

«Il y a un spectacle plus grandiose que la mer ; C'est le ciel. Il y a un spectacle plus grandiose que le ciel ; C'est l'intérieur de l'âme». - **Victor Hugo**

« Vous êtes aujourd'hui où vos pensées vous ont menés ; vous serez demain où vos pensées vous mèneront. « - **James Allen**

«Nos habitudes sont souvent plus fortes que notre volonté...On dit et fait alors des choses qu'on ne voudrait pas faire pour le regretter par la suite. La Réflexion méditative, la pleine conscience et la lecture amènent au calme. Le calme amène à la Reconnaissance, à l'acceptation et à la compréhension de l'émotion en cause». - **Thich Nhat Hanh**

«Nous sommes au sein de l'intelligence universelle, ce qui fait de nous des organes de son activité et les destinataires de sa vérité. Qui peut définir des limites aux possibilités de l'homme ? Une fois inhaler l'air supérieur, étant admis à contempler la nature absolue de la justice et de la vérité, nous apprenons que l'homme a accès à l'esprit entier du créateur, et est lui-même le créateur dans le fini». - **Thomas Edison**

«Ressens la connexion avec tout ce qui existe et connais naturellement le pouvoir paisible et l'efficacité qui t'appartiennent. Améliore la vie des autres et ta propre vie en bénéficiera grandement». - **Ralph S. Marston Jr**

«Il existe en nous une force puissante, une partie inconnue de l'esprit, séparée de l'esprit conscient, qui façonne constamment nos idées, nos sentiments et nos actions». - **Sigmund Freud**

«L'imagination est véritablement l'atelier où s'élaborent tous les plans de l'homme. Le désir est formé, sculpté, alimenté par les facultés imaginatives de l'esprit». - **Napoléon hill**

«La beauté c'est quelque chose dans le regard qui exprime l'intelligence, et l'intelligence c'est quelque chose dans le regard qui exprime la beauté». - **Bernard Werber**

«Chacun a ses propres instants de bonheur, il s'agit simplement d'en multiplier la conscience et les occasions». - **Albert Memmi**

«Autorisons notre esprit à se détendre : une fois reposé, il aura gagné en qualité et vivacité». - **Sénèque**

«C'est tellement merveilleux, lorsque quelqu'un a une idée et est capable de l'entretenir assez intensément pour que tout un mouvement ou toute une société la suive, parce que le mouvement de cette Énergie profite à tout le monde». - **Abraham**

« On forme la toile de notre vie par les intentions que l'on cultive avec soin dans son cœur « - **MELKI RISH**

«Echouer, c'est avoir la possibilité de recommencer de manière plus intelligente». - **Henry Ford**

«L'humour renforce notre instinct de survie et sauvegarde notre santé d'esprit». - **Charlie Chaplin**

«Nul besoin de temples, nul besoin de philosophies compliquées. Notre cerveau et notre cœur sont nos temples». - **Dalaï Lama**

«La vie spirituelle commence à partir du moment où nous découvrons que toute la réalité de nos actes réside dans les pensées qui les produisent».- **Louis Lavelle**

«Vous êtes une entité de visualisation. L'imagination est votre atelier. C'est ici que votre idéal doit être visualisés». - **Charles F. Haanel**

«Le futur appartient à ceux qui voient les possibilités avant qu'elles ne deviennent évidentes». - **Théodore Levitt**

«Vous êtes un aimant vivant. Vous attirez dans votre vie des personnes, des situations et des circonstances en harmonie avec vos pensées dominantes. Tout ce que votre conscient ressasse se développe au cours de votre expérience». - **Brian Tracy**

« Nos pensées et notre imagination sont les seule vrais limites à nos possibilités. « - **Orison Swett Marden**

«Chacun construit leur propre monde. Nous construisons de l'intérieur et nous attirons de l'extérieur. La pensée est la force avec laquelle nous construisons. Les pensées sont des forces». - **Ralph W.Trine**

«Le ciel n'aide jamais l'homme qui ne veut pas s'aider lui-même». - **Sophocle**

«Ce que tu ne sais pas, tu peux l'apprendre. Ce que tu n'as pas, tu peux travailler à le créer ou à l'acquérir. L'expérience que tu recherches se dévoile à chaque instant». - **Ralph S. Marston Jr**

«Croyez de tout votre cœur que vous ferez ce que vous avez été fait pour accomplir». - **Orison Swett Marden**

«Heureux sont ceux qui rêvent des rêves et sont prêts à payer le prix pour les exaucer». - **Leon J. Suenes**
«Sans inspiration, les meilleurs pouvoirs de l'esprit restent dormants. Il n'y a en nous un carburant qui doit être mis à feu avec des étincelles». - **Johann Gottfried Von Herder**

« Personne ne peut perdre de vue ce qu'il désire. Même si à certains moments on croit que le monde et les autres sont les plus forts. Le secret est le suivant, ne pas renoncer. « - **Paulo Coelho**

«À moins que vous essayez de faire quelque chose au-delà de ce que vous avez déjà maîtrisé, vous ne grandirez jamais». - **Ralph Waldo Emerson**

«Le progrès est mesuré par la richesse et l'intensité de l'expérience - par une appréhension plus large et plus profonde de l'importance et la portée de l'existence humaine». - **Herbert Read**

«Selon moi, il y a une force intérieure qui rend gagnants ou perdants. Et les gagnants sont ceux qui écoutent vraiment la vérité de leur cœur». - **Sylvester Stallone**

«L' amour et le désir sont les ailes de l'esprit aux grandes réalisations». - **Johann Wolfgang von Goethe**

«Ne vous limitez pas. Beaucoup de gens se limite à ce qu'ils croient pouvoir faire. Vous pouvez aller aussi loin que votre esprit vous le permet. Ce que vous croyez, rappelez-vous que vous pouvez le réaliser». - **Mary Kay Ash**

«Vos circonstances actuelles ne détermine pas où vous pouvez aller ; elles déterminent simplement où vous pouvez débuter». - **Nido Qubein**

«Être neutre est un État où vous ne sautez pas trop vite en avant ou trop lentement. Être neutre ne signifie pas être inactif, complaisant ou passif. Il s'agit d'être calme ce qui permet aux nouvelles informations et aux nouvelles possibilités d'émerger avant de prendre d'autres actions. Quand vous êtes neutres vous faites augmenter votre sensibilité et votre intelligence intuitive. Être neutre est un terrain fertile pour faire naître de nouvelles possibilités». - **Doc Childre**

«Le bonheur n'est pas quelque chose que vous reportez dans l'avenir ; C'est quelque chose que vous concevez dans le présent». - **Jim Rohn**

«Les idées et les images qui peuplent l'esprit des hommes sont les pouvoirs invisibles qui les régissent constamment». - **Jonathan Edwards**

« Pour l'essentiel, si l'on veut diriger notre vie, nous devons prendre contrôle de nos actions cohérentes. C'est pas ce que nous faisons de temps en temps qui façonne notre vie, mais ce que nous faisons constamment. « - **Anthony Robbins**

«Mettez votre cœur, votre esprit et votre âme même dans vos actions les plus petites... C'est le secret de la réussite». - **Swami Sivananda**

«La vie rétrécit ou se déploie selon le courage dont on fait preuve».- **Barbara Winter**

«Soyez si fort que rien ne peut perturber votre tranquillité d'esprit. Parler santé, bonheur et prospérité à toutes les personnes que vous rencontrez. Faites sentir à tous vos amis qu'il y a quelque chose de spécial en eux. Regardez le bon côté des choses. Ne pensez qu'au meilleur, et soyez aussi enthousiaste au sujet du succès des autres qu'aux votres». - **Norman Vincent Peale**

«La Passion est un sentiment qui vous dit : c'est la bonne chose à faire. Rien ne peut se tenir sur mon chemin. Peu importe ce que tout le monde dit. Ce sentiment est si bon qu'il ne peut pas être ignoré. Je vais suivre mon bonheur et donner suite à cette magnifique sensation de joie». - **Wayne W. Dyer**

«Votre petitesse sera à la mesure du désir qui accapare votre esprit, et votre grandeur à celle de votre aspiration la plus dominante». - **James Allen**

«Chaque jour, la vie vous envoie de subtils messages et votre destinée dépendra toujours de votre manière de réagir. En toute occasion, il vous appartiendra de saisir la chance». - **Robin S. Sharma**

« Faites ce que vous aimez, pensez ce que vous ressentez et vivez de la façon dont vous voulez. - **Santosh Kalwar**

«L'homme est le maître de ses pensées. Lui seul pétrit son caractère, il fabrique et façonne sa vie, son environnement et sa destinée». - **James Allen**

«Il y a de grand changement à vivre une fois que vous apprendrez le pouvoir du lâcher-prise. Arrêter de permettre à n'importe qui ou quoi que ce soit de contrôler, limiter, réprimer ou de vous décourager d'être votre véritable soi ! Aujourd'hui est le vôtre à façonner - possédez-le - libérez-vous des gens et des choses qui poisonne ou dilue votre esprit.» - **Steve Maraboli**

« Votre monde est une expression vivante de comment vous utilisez et que vous avez utilisé votre esprit. « - **Earl Nightingale**

«Ceux qui n'ont pas la clarté, le courage ou la détermination de poursuivre leurs propres rêves, trouvent souvent le moyen de décourager les vôtres. Lorsque vous changez pour le mieux, les gens autour de vous sont inspirés à changer aussi... mais seulement après avoir fait de leur mieux pour vous décourager. Vivez votre vérité et ne vous arrêtez jamais. « - **Steve Maraboli**

«Quand vos pensées sont pleines de doutes et que vous avez un esprit fermé, vous allez nécessairement agir selon ces doutes et avec un esprit fermé, et vous verrez pratiquement partout où vous irez les preuves de votre façon de penser. Par contre, si vous décidez, d'avoir l'esprit ouvert à tout, alors vous agirez avec cette énergie intérieure et vous serez non seulement le créateur mais aussi le bénéficiaire des miracles où que vous soyez.» - **Wayne W. Dyer**

«Dans tous les actes, prends conscience de l'instant présent, oublie le poids du passé et la crainte de l'avenir. Évite les questions, les hésitations, les incertitudes. Si tu entends être heureux, sois présent à toi-même, en accord avec le monde qui t'entoure, dans une communion amoureuse et fervente de l'Instant, sans perdre ta lucidité.» - **Sagesse amérindienne**

«La chose la plus importante dans la vie est arrêter de dire « Je souhaite « et de commencer a dire « Je le ferai. « Envisager rien d'impossible, et alors considérer les possibilités sous forme de probabilités. - **David Copperfield**

«La frustration et l'amour ne peuvent pas exister au même endroit en même temps, alors soyez vrais et commencez à faire ce que vous aimeriez faire de votre vie. Aimez votre vie. Toute votre vie.» - **Jason Mraz**

« Cette vie est le vôtre. Ayez la force de choisir ce que vous voulez faire et le faire bien. Ayez la force d'aimer ce que vous voulez dans la vie et aimez la sincèrement. Ayez la force de marcher dans la forêt et soyez une partie de la nature. Ayez la force de contrôler votre propre vie. Personne d'autre ne peut le faire pour vous. Ayez la force de rendre votre vie heureuse. « - **Schutz Susan Polis**

«Le silence est une grande aide pour un chercheur de vérité. Dans l'attitude du silence, l'âme trouve le chemin d'accès dans une lumière plus claire, ce qui est insaisissable et trompeur se résout dans la clarté du cristal. Notre vie est une longue et pénible quête après la vérité et l'âme exige un repos vers l'intérieur pour atteindre sa pleine maturité». - **K Mohandas Gandhi**

«Votre plan a toujours recherché la paix et l'amour, mais il n'y parviendra que lorsque chacun d'entre vous les aura trouvés dans son propre royaume, à l'intérieur de son propre itinéraire de pensée.» - **Ramtha**

«Tant que nous ne savons pas vraiment ce que nous voulons, nos forces seront dispersés, et tant que nos forces sont dispersées, nous accomplissons peu, ou échouons entièrement. Lorsque nous savons ce que nous voulons, cependant et continuons à travailler pour elle avec toute la puissance et la capacité qui est en nous, nous pouvons être assurés que nous l'obtiendrons. Lorsque nous avons directement la puissance de la pensée, la puissance de la volonté, le pouvoir de l'action mentale, la puissance du désir, la puissance de l'ambition, en fait, toute la puissance que nous possédons sur la seule chose que nous voulons, sur l'un des objectifs que nous désirons atteindre, il n'est pas difficile de comprendre pourquoi le succès dans une mesure de plus en plus grande doit être réalisée». - **Christian D. Larson**

«Acquérir le courage de croire en soi. Beaucoup de choses que vous avez apprises ont été à la fois les idées radicales de personnes qui ont eu le courage de croire ce que leur propre cœur et leur propre esprit leur a dit ce qui est vrai, plutôt que d'accepter la croyance populaire du jour». - **Ching Ning Chu**

« Suis ton rêve... Si tu trébuches, n'arrête pas et ne perds pas de vue ton objectif. Continue vers le sommet, car ce n'est qu'au sommet que tu auras une vue d'ensemble « - **Amanda Bradley**

«Il n'y a rien à pratiquer. Connais-toi toi-même, sois toi-même. Pour être toi-même, arrête de t'imaginer d'être ceci ou cela. Sois simplement. Laisse ta vraie nature émerger. Ne dérange pas ton esprit en cherchant.» - **Sri Nisargadatta Maharaj**

«Vous êtes né avec un certains caractère. Ainsi que les vieux récits le mentionnent, c'est quelque chose qui vous est donné, offert, par les gardiens de votre naissance. Chacun d'entre vous vient au monde avec un appel en lui». - **James Hillman**

«La non-violence est la loi de notre espèce tout comme la violence est la loi de l'animal. L'esprit dans l'animal est à l'état latent, et l'animal ne connaît pas d'autre loi que celle de la force physique. La dignité de l'homme exige qu'il obéisse à une loi plus haute, à la force de l'esprit». - **Gandhi**

«Ne dites jamais « Non «, ne jamais dire, « Je ne peux pas «, car tu es infinie. Même le temps et l'espace ne sont rien par rapport à votre nature. Vous pouvez faire n'importe quoi et tout, vous êtes tout-puissant». - **Swami Vivekananda**

«Le but de l'évolution personnelle est d'être de plus en plus soi-même, dans n'importe quelle situation, au lieu de revêtir un rôle. En d'autres termes, le meilleur enseignant n'est pas celui qui joue le rôle d'un enseignant, mais celui qui est une personne authentique au sein de sa classe. Le meilleur parent n'est pas celui qui joue le rôle du parent, mais celui qui est une personne authentique au sein de sa famille ; c'est en évoluant en tant que personne que l'on laisse tomber les rôles pour n'être plus que soi-même dans toutes les circonstances de la vie».- **Carl Rogers**

«Dans la vie, l'une des forces les plus formidables est la loi d'attraction des pensées, qui, avec une puissance irrésistible, crée toutes les choses et tous les événements auxquels nous accordons en pensée la prédominance, aussi bien par nos craintes que par nos désirs ardents». -- **K.O. Schmidt**

«Ne confonds pas ton chemin avec ta destination. Ce n'est pas parce que c'est orageux aujourd'hui que cela signifie que tu ne te diriges pas vers le soleil» – **Anthony Fernando**

«Le succès n'est pas définitif et l'échec n'est pas fatal -- C'est le courage de continuer qui compte. « - **Winston Churchill**

« La paix n'est pas à l'extérieur, elle n'a pas à être recherchée ni atteinte. Vivre en pleine conscience, ralentir son pas, goûter chaque seconde et chaque respiration, cela suffit. La paix est déjà là : en avançant, à chaque pas, une fleur s'épanouit sous nos pieds. De fait, les fleurs nous sourient et nous souhaitent bonne chance sur le chemin.» - **Thich Nhat Hanh**

«Si je parle à un homme et qu'il ne me comprend pas, je me tais et je l'écoute. Je m'efforce de le comprendre, lui. Car si je parviens à le comprendre, je saurai pourquoi il ne me comprend pas.» - **Un sage du Mali**

«La vision que vous glorifiez dans votre Esprit, l'idéal qui se trouve dans votre Cœur, c'est avec cela que vous construisez votre Vie. Et c'est cela que vous deviendrez».- **James Allen**

«Lorsqu'on regarde dans le calme un arbre ou un être humain, qui regarde? Quelque chose de plus profond que la personne. C'est la conscience qui regarde sa création.» - **Eckhart Tolle**

«Vous pensez et vos pensées se matérialisent sous formes d'événements. C'est ainsi que, le plus souvent, à votre insu, vous tissez vous-même la trame de votre destinée par la manière dont vous vous laissez aller à penser continuellement, jour après jour». - **Emmet Fox**

«On ne possède jamais réellement les choses. On ne fait que les tenir un instant. Si l'on est incapable de les laisser aller, ce sont elles qui nous possèdent.» - **Antony de Mello**

«Rêver n'est pas dormir, mais veiller, se déplacer, agir autrement. Considère le monde des rêves comme un second monde, avec ses lois, ses personnages, sa réalité. Ton esprit n'est pas enfermé dans la conscience de tous les jours. Il s'étend sur les deux mondes à la fois, au même moment.» - **Sagesse amérindien**

«Que vous en soyez conscient ou non, vous créez et façonnez votre vie avec vos pensées. Tout ce qui fait partie de votre réalité physique a d'abord été créé dans l'esprit à partir du matériel brut nommé pensée». - **Peter Kelder**

«Il n'y a qu'une seule façon d'être heureux et c'est de cesser de se préoccuper de choses qui sont au-delà de notre volonté». - **Épictète**

«Le grand secret de la vie est d'apprendre à vivre en harmonie avec les lois de la Nature. Les lois de la Nature sont les lois universelles divines et sont là pour guider l'humain. L'humain ne fait-il pas partie intégrante de la Nature ?» - **Abel Allen**

«On n'a jamais perdu sa journée quand on a contribué pour sa part à faire pénétrer dans une âme un peu de gaieté et de lumière». - **Girardin**

« La Vérité est la seule réalité de l'univers, l'Harmonie Intérieure, la Justice Parfaite, l'Amour Éternel. Rien ne peut être ajouté à celle-ci, ni pris d'elle. Elle ne dépend d'aucun homme, mais tous les hommes dépendent de la Vérité Universelle. « - **SWAMI VIVEKENANDA**

«Etre authentique c'est accepter de voir qu'on est ce qu'on est et pas ce qu'on imagine être en regardant son personnage dans un miroir.» - **Karlfried Graf Durckheim**

« Tout homme reçoit deux sortes d'éducation: l'une qui lui est donné par les autres, et l'autre, beaucoup plus importante, qu'il se donne à lui-même. « - **Edward Gibbon**

«La plus belle chose qui puisse arriver à un être humain, c'est de découvrir ce feu sacré, le feu de son âme, et de faire en sorte que sa vie entière soit l'expression de ce feu intérieur.» - **Annie Marquier**

«Tout bonheur est un chef-d'œuvre : La moindre erreur le fausse, La moindre hésitation l'altère, La moindre lourdeur le dépare, La moindre sottise l'abêtit». - **Marguerite Yourcenar**

«Notre plus grand mérite n'est pas de ne jamais tomber, mais de nous relever à chaque fois». - **Ralph Waldo Emerson**

«Quand un homme pense profondément et descend dans son subconscient et l'imprime par sa pensée, l'esprit subconscient réagira selon la nature de la pensée et de l'impression». - **Abel Allen**

« La pensée est l'âme qui dialogue avec elle-même. « - **Platon**

«Les diamants sont trouvés seulement dans les endroits sombres de la terre, les vérités sont trouvés seulement dans les profondeurs de la pensée» - **Victor Hugo**

«Le mystère est que nous avons cherché ailleurs que la Source Intelligente pour tout ce que nous voyons dans la Nature. De toutes parts, nous voyons la beauté, la proportion, l'ordre, la splendeur et l'harmonie dans la Nature, qui sont des attributs et symboles de cette Source, de l'Esprit Universelle». - **Abel Allen**

« Un homme est la façade d'un temple, dans lesquels toute la sagesse et tout le bien y demeurent. « - **Emerson**

«Seuls les véritables hommes de science, peuvent vraiment savoir, non seulement au-delà de la connaissance humaine, mais de leur concept, ce qu'est la puissance universelle duquelle la nature, la vie et la pensée sont des manifestations».- **Herbert Spencer**

«Si tu refuses de voir le meilleur en toi-même et choisis de t'attarder sur tout le négatif en toi, tu dois être prêt à en accepter les conséquences, car tu attires à toi ce que tu maintiens dans tes pensées. Ne pense qu'au meilleur et c'est le meilleur qui sera devant toi». - **Eileen Caddy**

« Les choses plaisante dans le monde sont les pensées agréables, et le plus grand art dans la vie est d'en avoir autant que possible. « - **Abel Allen**

«Une fois qu'une masse critique de gens auront fait un changement dans la conscience de leur cœur, la vie sera différente pour tout le monde. Tous ces avantages et bien d'autres encore — seront acquises en apprenant à se concentrer sur, à écouter et à suivre son cœur». - **Doc Childre**

«La chose qui est vraiment difficile et vraiment étonnant, est de renoncer à être parfait et commencer le travail de devenir vous-même». - **Anna Quindlen**

«Nos limites sont dans notre esprit. Tant que l'esprit peut imaginer le fait que vous pouvez faire quelque chose, vous pouvez le faire, tant que vous y croyez vraiment à 100 %». - **David Hockney**

«Les choses essentiels dans la vie sont: avoir quelque chose à faire, quelque chose à aimer et quelque chose à espérer». - **Thomas Chalmers**

«N'ayez ne pas peur de la vie. Croyez que la vie est digne d'être vécue, et votre croyance aidera à créer le fait». - **William James**
«Chaque homme doit décider pour lui-même s'il doit maîtriser son monde ou être maîtrisé par lui». - **James Cash Penney**

«Le bonheur de votre vie dépend de la qualité de vos pensées». - **Marcus Aurelius**

«Ce n'est pas le travail qui tue les hommes, c'est l'inquiétude. Le travail est la santé ; vous pouvez difficilement mettre plus sur un homme qu'il peut supporter. Mais l'inquiétude est la rouille sur la lame. Ce n'est pas le mouvement qui détruit la machinerie, mais le frottement». - **Henry Ward Beecher**

«Tu as un rêve, tu dois le protéger. Ceux qui en sont incapables te diront que tu en es incapable. Si tu veux quelque chose, bats-toi. Point final» - **Will Smith (Pursuit of Happiness)**

«Les deux guerriers les plus puissants sont la patience et le temps. N'oublie pas que les grandes réalisations prennent du temps et qu'il n'y a pas de succès du jour au lendemain» - **Léon Tolstoï**

«L'esprit subconscient est un riche champ mental : chaque impression consciente est une graine semée dans ce champ et portera ses fruits d'après sa nature, qu'elle soit une bonne semence, une mauvaise ou tout autre. Toutes les pensées confiantes et tous les désirs profondément ressenti s'imprime sur l'inconscient et vont se reproduire selon leur genre, et s'exprimeront plus tard dans l'être personnel de l'homme». - **Christian D. Larson**

«Votre vie est déterminé non pas tant par ce que la vie vous apporte comme par l'attitude que vous apportez à la vie ; non pas tant par ce qui vous arrive comme de la façon que votre esprit perçoit ce qui se passe». - **Khalil Gibran**

« J'espère que tu vis une vie dont tu es fier. Si tu ne l'es pas, j'espère que tu as la force de tout recommencer» - **F. Scott Fitzgerald**

«Bien souvent, les gens regardent le côté négatif de ce qu'ils ressentent, de ce qu'ils ne peuvent faire. J'ai toujours regarder le côté positif de ce que je peux faire». - **Chuck Norris**

«Quand vous avez une attitude positive et que vous vous efforcez constamment de faire de votre mieux, éventuellement vous surmonterez vos problèmes immédiats et vous trouverez que vous êtes prêt pour de plus grands défis». - **Pat Riley**

«N'attendez pas pour des occasions extraordinaires. Saisissez les occasions ordinaires et rendez-les grands». - **Orison Swett Marden**

«On met des années à se construire une carapace... Certes elle nous protège mais elle nous emprisonne aussi. Il faudra bien, tôt ou tard, trouver le moyen d'en sortir afin de se dégager de nos blocages et de libérer l'élan vital en nous». - **Lise Coté**

«La vie n'est supportable que lorsque le corps et l'âme vivent en parfaite harmonie, qu'il existe un équilibre naturel entre eux, et qu'ils ont, l'un pour l'autre, un respect réciproque.» - **David Herbert Lawrence**

«Tu as toujours le choix de tout laisser tomber et de faire quelque chose d'autre, de ne plus réaliser ce désir. Ou bien tu peux décider d'apprendre la tolérance, la patience, la compréhension pour tout a coup découvrir que les conditions ne sont pas aussi pénibles que tu te le disais au début puisque maintenant tu vois les choses d'un œil différent». - **Lise Bourbeau**

« N'oublie pas que chaque nuage, si noir soit-il, a toujours une face ensoleillée, tournée vers le ciel. - **Friedrich Wilhelm Weber**
«La vie est toujours en devenir, mais il ne faut jamais oublier de la vivre au présent». - **Jacques Salomé**

«Pour avancer et s'accomplir dans la vie, on a besoin de croire, d'être compris, de sentir que quelqu'un a confiance en nous». - **Reine Malouin**

«L'important est de faire le premier pas. Surmonter bravement une petite peur te donnera le courage d'affronter la suivante». - **Daisku Ikeda**

«Le courage, ce n'est pas de vivre sans peur. Le courage, c'est d'avoir la peur de sa vie et quand même faire la bonne chose». - **Chae Richardson**

«L'homme qui acquiert la capacité de prendre pleine possession de son propre esprit - peut prendre possession de toute autre chose dont il bénéficie justement». - **Andrew Carnegie**

« L'expérience ne se trompe jamais, seuls nos jugements errent, qui se promettent des résultats étrangers à notre expérimentation personnelle « - **Leonardo Da Vinci**

«L'homme apprend par l'expérience, et le chemin spirituel est plein de différents types d'expériences. Il rencontrera beaucoup de difficultés et d'obstacles, et les expériences sont là pour encourager et compléter le processus de nettoyage». - **Sai Baba**

«Vous ne pouvez pas refléter la richesse et l'abondance de l'esprit universel, vous ne pouvez pas refléter la paix, la santé et le bonheur, si vous êtes constamment inquiet, et agité par les vagues de la peur, par les vents de la colère, et des marées de labeurs et d'efforts. Vous devez parfois vous détendre. Donnez une chance à votre esprit. Vous devez réaliser que, lorsque vous avez fait de votre mieux, vous pouvez en toute confiance vous relaxez et laisser le résultat à l'esprit universel». - **Robert Collier**

«Croyez en vous ! Ayez confiance dans vos capacités ! Sans une confiance humble mais raisonnable dans vos propres pouvoirs, vous ne pouvez pas réussir ou être heureux» - **Norman Vincent Peale**

« Suis ton rêve… Si tu trébuches, n'arrête pas et ne perds pas de vue ton objectif. Continue vers le sommet, car ce n'est qu'au sommet que tu auras une vue d'ensemble « - **Amanda Bradley**

«Il est absurde de s'inquiéter de chose que vous n'avez aucun contrôle parce qu'il n'y a rien que vous pouvez faire à leur sujet, et pourquoi s'inquiéter de choses que vous pouvez contrôler ? L'action de s'inquiéter vous garde dans l'immobilisme». - **Wayne Dyer**

«Étant donné que vous seul êtes responsable de vos pensées, seulement vous pouvez les modifier. Vous voulez les changer quand vous vous rendez compte que chaque pensée crée selon sa propre nature. N'oubliez pas que la Loi fonctionne en permanence et que vous le démontrer toujours selon le genre de pensées que vous entretenez. Par conséquent, commencez dès maintenant à ne penser que ces pensées qui vous apporteront santé et bonheur». - **Paramahansa Yogananda**

«L'acceptation de soi passe déjà par le fait de regarder ses qualités et de s'appuyer dessus pour avancer. C'est un point d'ancrage pour la motivation». - **Hervé Leger**

«Ne perdez pas confiance durant les périodes de stagnation et de frustration. Il y a un temps pour chaque chose et chaque chose se fait en son temps... Gardez confiance même si c'est le calme plat en surface, car dans les profondeurs invisibles, votre avenir est en train de se tramer». - **A.C. Ping**

« Si la vie te donnes une centaine de raisons de pleurer, montre à la vie que tu as un milliers de raisons de sourire. - **Anonyme**

« L'avenir nous tourmente, le passé nous retient, c'est pour ça que le présent nous échappe. - **Gustave Flaubert**

« On n'a pas le droit de juger une personne sans connaître toute sa vie; ce qui signifie que tes jugements sont toujours faussés par une connaissance partielle de la personne! Aimes les autres comme ils sont et respectes les « - **Henri Bartholin**

« Le succès c'est d'avoir ce que vous désirez. Le bonheur c'est aimer ce que vous avez. « - **H. Jackson Brown**

«Les pensées sont des forces; par elles nous influençons notre manière de vivre, nous en changeons les conditions. Elles modèlent notre caractère et façonnent notre vie. Nous sommes ce que sont nos pensées». - **Orison Swett Marden**

« Le courage c'est de comprendre sa propre vie... Le courage c'est d'aimer la vie et de regarder la mort d'un regard tranquille... Le courage c'est d'aller à l'idéal et de comprendre le réel. « - **Jean Jaures**

« Tout est relié... Ce que l'homme fait à la toile de la vie, il le fait à lui-même. « - **Lester Young**

« Vous devez passer votre vie à aimer et à penser ; c'est la véritable vie des esprits. « - **Voltaire**

«Puisque tout vit et que la vie est une, Dieu est, certes, unique. D'autre part, puisque tout, dans le ciel comme sur terre, est vivant et que la vie est unique en tout, la vie créée par Dieu est elle-même Dieu ; tout vient à la vie donc par les œuvres de Dieu et la vie est l'union de l'âme et de l'esprit». - **Hermès Trismégiste**

«Il existe dans l'univers une force incommensurable et indescriptible. Cette force, les chamans l'appellent «l'Intention», et absolument tout ce qui existe dans l'univers est relié à l'intention». - **Carlos Castenada**

«L'Univers connaît l'essence de ce que vous cherchez à atteindre et il vous concède ce que vous voulez réellement, dès l'instant où vous vous détendez et où vous lui ouvrez la porte». - **Abraham Hicks**

«Une des choses que j'ai apprise à la dure était qu'il ne paie pas de se décourager. Se tenir occupé et faire de l'optimisme un mode de vie peut restaurer votre foi en vous-même». - **Lucille Ball**

« Soi toi-même, non un simple imitateur d'un autre, mais votre meilleur soi. Il y a quelque chose que vous pouvez faire mieux qu'un autre. Écoute ta voix intérieure et courageusement obéis-là. Fais les choses en quoi tu es grand, pas ce que vous n'avez été jamais fait pour. « - **Ralph Waldo Emerson**

«Tu n'existes pas pour impressionner le monde. Tu existes pour vivre ta vie d'une façon qui fera ton bonheur». - **Richard Bach**

« C'est l'essence de la vie qui se manifeste dans les fleurs sous la forme du parfum. La qualité du cœur produit dans l'intellect ce parfum qui est semblable à la fragrance de la fleur. « - **Pir O Mushid**

«Si dans votre esprit, vous brossez un tableau claire de ce que vous voulez et que vous avez une attente joyeuse, vous vous mettez dans une condition propice à l'atteinte de votre objectif». - **Norman Vincent Peale**

«Les aptitudes sont ce que vous pouvez faire. La motivation détermine ce que vous faites. Votre attitude détermine votre degré de réussite» - **Lou Holtz**

« Si vous ne faites pas aujourd'hui ce que vous avez dans la tête, demain vous l'aurez dans le cul. « - **Coluche**

« Si vous pensez que l'aventure est dangereuse, Essayez la routine... Elle est mortelle !» - **Paulo Coelho**

«Les espèces qui survivent ne sont pas les espèces les plus fortes, ni les plus intelligentes, mais celles qui s'adaptent le mieux aux changements». - **Charles Darwin**

«L'échec n'est qu'un changement temporaire de direction qui te remet directement sur le chemin de la réussite». - **Dennis Waitley**

«La perfection, ce n'est pas de faire quelque chose de grand et de beau, mais de faire ce que l'on fait avec grandeur et beauté». - **Swâmi Prâjnanpad**

"

Pour critiquer les gens il faut les
connaître, et pour les connaître, il
faut les aimer.

COLUCHE

«Celui qui déplace les montagnes, c'est celui qui commence par enlever les petites pierres». - **Confucius**

«Le difficile, c'est ce qui peut être fait tout de suite. L'impossible, c'est ce qui prend un peu plus de temps». - **Georges Santayana**

«Rappelle-toi : l'unique personne qui t'accompagne toute ta vie, c'est toi-même ! Sois vivant dans tout ce que tu fais». - **Pablo Picasso**

«L'illumination ne consiste pas à devenir divin... Au lieu de cela, il s'agit de devenir plus pleinement humain... C'est la fin de l'ignorance». - **Lama Surya Das**

«Nos pensées sont des forces vibrationnelles subtiles aussi réelles que les vibrations qui se manifestent sous formes de lumières, de chaleurs, d'électricités et de magnétismes» - **Willian Walker Atkinson**

« La vie humaine ne dure qu'un instant il faut avoir la force de la vivre en faisant ce qui nous plait le plus. « - **Jocho Yamamoto**

« Si cela vous excite, si cela vous fait sentir bien, c'est le divin en vous qui vous parle. « - **Wayne Dyer**

«Aucun homme n'est jamais créé sans le pouvoir inhérent de s'aider lui-même. La personnalité qui comprend son propre pouvoir intellectuel et moral de conquête sera certainement s'affirmer». - **Charles F. Haanel**

«Quand vous ralentissez, quand vous prenez du recul et que vous mettez les choses en perspective, vous pouvez alors avancer avec plus d'efficacité. Il suffit d'un instant pour s'adapter et contrôler comment vous réagissez». - **Doc Childre**

«Chaque conscience n'est qu'une fenêtre par laquelle l'univers se regarde lui-même» - **Alan Watts**

«La plus belle chose dans ce monde n'est pas tellement où nous sommes, mais dans quelle direction nous nous dirigeons». - **Oliver Wendell Holmes, Jr**

« L'espace qui sépare l'incroyant de la foi n'est qu'un souffle. Ce qui sépare le doute de la certitude n'est qu'un souffle. Passons donc légèrement cet espace précieux d'un souffle. Notre vie n'est séparée de la mort que par l'espace d'un souffle. « - **Omar KHAYYAM**

«Par notre manière de penser et nos attitudes, nous construisons notre bonheur ou notre malheur». - **Paul Verlaine**

«Lorsque la confiance et la pensée s'interpénètrent, elles émettent des vibrations que le subconscient capte et transforme en un équivalent subtil qui agit comme la prière sur l'Intelligence infinie. - **Napoléon Hill**

« Si tu penses que tu peux gagner, alors tu peux y arriver. La foi est nécessaire à la victoire. - **William Hazlitt**

«Soyez reconnaissant pour ce que vous êtes maintenant et battez pour ce que vous voulez être demain». - **Fernanda Miramontes-Landeros**

«La plupart des gens confondent le Présent avec ce qui s'y passe, mais ce n'est pas le cas. Le Présent est plus profond que ce qui s'y déroule : c'est l'espace dans lequel cela se déroule. Ne confondez donc pas le contenu de cet instant avec le Présent. Le Présent est plus profond que tout ce qu'il renferme». - **Eckhart Tolle**

«Durant ta vie active écoute ton cœur et suis ce qu'il te conseille. Aucune richesse ne te sera utile si tu t'ouvres à ses conseils et si tu suis sa voie. Jamais tu ne perdras si tu suis ton cœur». - **Thoth-Hermès**

«Toute graine plantée dans le sol de l'esprit prend racine, grandit, et tôt ou tard se transforme en actes porteurs d'occasions et de circonstances». - **James Allen**

«Tout paraît impossible jusqu'au moment où l'on agit - alors, on s'aperçoit que c'était possible». - **Evelyn Underhill**

«Prenez l'habitude d'être reconnaissant pour les plus petits détails de la vie. Ces petits détails sont tellement nombreux que vous pouvez passer autant de temps que vous le souhaitez dans un état de gratitude. Cette gratitude vous ouvre à encore plus d'abondance». - **Ralph S. Marston**

«Au sein de vous-même se trouve la cause de tout ce qui entre dans votre vie... Pour être dans la pleine réalisation de vos propres pouvoirs internes éveillés c'est d'être capable de conditionner votre vie conformément à ce vous voulez». - **Ralph Waldo Trine**

«La foi, la confiance en soi, une attitude positive sont à la source de la puissance, des talents et de l'énergie nécessaires à l'action. Avec la foi dans ses capacités vient la manière de les exploiter». - **David J.Schwartz**

«La spontanéité, c'est être capable de faire quelque chose simplement parce que l'on en a envie, de faire confiance à son instinct, de s'étonner soi-même, et de tirer des griffes du train-train quotidien un peu de plaisir imprévu». - **Richard Iannelli**

«Vous êtes-vous déjà assis très tranquillement avec les yeux fermés en regardant le mouvement de vos propres pensées ? Avez-vous déjà regardé votre esprit travailler ? ou plutôt, votre esprit s'est-il vu lui-même en opération, juste pour voir quelles sont vos pensées, ce que vos sentiments sont, comment vous regardez les arbres, les fleurs, les oiseaux, les gens, comment vous répondre à une suggestion ou réagissez à une nouvelle idée ? Avez vous déjà fait cela ? - **Jiddu Krishnamurti**

«Chérissez votre vision... Chérissez vos idéaux... Chérissez la musique qui s'éveille dans votre cœur, la beauté qui se forme dans votre esprit, la beauté qui recouvre vos pensées les plus pures. Si vous restez fidèle à eux, votre monde sera enfin construit». - **James Allen**

«Il n'y a aucune sensations plus fines dans la vie qu'une victoire sur soi-même. Aller de l'avant vers un objectif intérieur d'accomplissement, écartant tous vos vieux ennemis internes en avançant vers l'avant». - **Vash Young**

«Lâche sereinement le ressentiment, le doute, la déception, l'inquiétude et la peur. Ressens la puissance de tes propres possibilités. Vois que le meilleur est encore à venir et, dans la joie, commence à lui donner vie».   - **Ralph S. Marston** Jr

«Beaucoup de personnes laissent s'évanouir leurs désirs et leurs ambitions. Elles ne comprennent pas que l'intensité et la persistance du désir lui donnent la puissance de se réaliser. L'effort constant pour maintenir l'intensité du désir a le pouvoir de le transformer en réalité». - **Orison Swett Marden**

«Sans aucun doute, ce sont l'imagination humaine, la visualisation et la concentration qui sont les principaux facteurs de développement des forces magnétiques de l'esprit». - **Claude M. Bristol**

«La Véritable intelligence s'effectue dans le silence. Dans le calme se trouve la créativité et les solutions aux problèmes». - **Eckhart Tolle**

«Ce que tu cultives en ton Cœur avec constance - tu l'attires, tu le réalises, tu deviens semblable à lui, tu te convertis en lui». - **K. O. Schmidt**

« La Foi est un aimant invisible et invincible. Elle attire à soi ce que l'on désire ardemment et attend calmement et avec persistance. « - **Ralph Waldo Trine**

«Réveille-toi. Soi le témoin de tes pensées. Tu es celui qui observes, tu n'est pas ce que tu observes» - **Bouddah**

«Le principe le plus important que l'humanité doit saisir de toute urgence, c'est ce pouvoir des convictions et de l'esprit, tant sur le plan individuel que global. Reconnaître ces deux clés fondamentales du savoir ouvrira la conscience humaine à une nouvelle vision du monde, débouchant sur des possibilités illimités et des solutions hautement créatives». - **Barbara Marciniak**

«Fuir les problèmes ne fait qu'augmenter la distance de la solution... La meilleure façon d'échapper à tes problèmes est de les résoudre» - **Annu Tiwari**

«Gérer nos émotions augmente l'intuition et la clarté. Il nous aide à autoréguler les substances chimiques du cerveau et les hormones internes. Il nous donne des «high» naturels, c'est la véritable fontaine de jouvence que nous cherchions. Elle nous permet de boire des élixirs enfouies dans nos cellules, attendant qu'on les découvrent». - **Doc Childre**

«Être heureux est la pierre angulaire de tout ce que vous êtes !... Rien n'est plus important que de vous sentir bien ! Et vous avez un absolu et total contrôle à ce sujet parce que vous avez la capacité de choisir la pensée qui vous inquiète ou la pensée qui vous rend heureux ; les choses qui vous font frissonner de joie, ou celles qui vous tracassent. Vous avez le choix. À chaque instant». - **Abraham**

« Vous pouvez devenir la personne que vous aimeriez être, à la condition d'y croire avec suffisamment de conviction et d'agir en accord avec votre idéal... Tout ce que l'esprit peut concevoir, tout ce en quoi il peut croire: il peut aussi le réaliser». - **Napoleon Hill**

«La vie est comme un arc-en-ciel : il faut de la pluie et du soleil pour en voir les couleurs». - **A Ramaiya**

«Allons jusqu'au bout de nos erreurs sinon nous ne saurons jamais pourquoi il ne fallait pas les commettre». - **Bernard Werber**

«La joie fait venir le bonheur, le mécontentement et l'insatisfaction le font fuir... Un cœur joyeux permet de créer autour de soi toujours plus de lumière et de renouveau». - **Matsumoto Jitsudo**

«L'homme contient en lui-même tout ce qui lui est nécessaire pour se gouverner». - **Ralph Waldo Emerson**

«Aimer, ce n'est pas se regarder l'un l'autre - c'est regarder ensemble dans la même direction». - **Antoine de Saint-Exupéry**

«Si vous voulez être malheureux, mal à l'aise et insécure - il suffit de passer votre vie à essayer de faire quelque chose qui n'est pas bon pour vous... C'est comme essayer de porter des chaussures qui ne correspondent pas». - **Joyce Meyer**

«Le corps périt, mais le «Soi» suprême sans fin et éternel qui vit au même titre en tous ne périt jamais... L'ignorant et le non réalisé appellent cela la mort». - **Shri Yukteswar**

«L'eau est fluide, douce et peu résistante. Mais l'eau gruge la roche , qui est rigide et ne veut pas céder. En règle générale, tout ce qui est fluide et doux peut surmonter tout ce qui est rigide et dur. Il s'agit d'un autre paradoxe : ce qui est doux est fort». - **Lao-Tzu**

« Les grandes choses ne sont pas réalisées par la force, mais par la persévérance « – **Samuel Johnson**

«Ce qui nous permet, comme êtres humains, de survivre psychologiquement à la vie sur terre, avec toutes ses douleurs, ses drames et ses défis, c'est d'avoir un sentiment d'accomplissement et une vie de sens». - **Barbara De Angelis**

«Notre destin n'est pas établi par quelque pouvoir extérieur ; nous le définissons nous-mêmes. Ce que nous pensons et faisons dans le présent détermine ce qui doit nous arriver dans l'avenir». - **Christian D. Larson**

« Trop de personnes errent dans les affaires de la vie de façon aléatoire sans objectifs précis ou buts. La première considération dans la vie devrait être de se familiariser avec les lois universelles, qui régissent les plans mentales et physiques de l'existence». - **Charles Haanel**

«Connais-toi toi même, et tu connaitras l'Univers et les dieux.» - **Fronton du temple de Delphes**

«Il est plus facile pour l'homme de briser un atome que de briser un préjugé.» - **Albert Einstein**

«Concentrer vos pensées sur la chose en particulier qui vous intéressent le plus, et les idées viendront en abondance. Ils vous ouvriront la porte à une douzaine de façons d'atteindre l'objectif que vous vous efforcez de gagner».- **Robert Collier**

«À partir du moment où j'ai finalement conclu qu'un résultat vaut la peine d'être obtenu, je vais de l'avant et j'y travaille, essai après essai, jusqu'à ce qu'il se matérialise». - **Thomas Édison**

«Le travail que je fais sur moi-même n'est pas un objectif, mais un processus... Un processus qui dure toute la vie... Je tire plaisir de ce processus». - **Louise L. Hay**

«L'enthousiasme est la mère de l'effort, et sans lui rien d'important n'a été accompli». - **Ralph Waldo Emerson**

«Écrivez des affirmations positives et lisez-les sur une base régulière. L'acte d'écrire imprime ces pensées sur votre cerveau et ont un effet durable». - **Dr. Wayne Dyer**

«Tu es né pour gagner, mais pour être un gagnant, vous devez planifier gagner, vous préparer à gagner et vous attendre à gagner».
- **Zig Ziglar**

«Adopter le rythme de la nature : son secret est la patience».- **Ralph Waldo Emerson**

«Le lâcher prise c'est simplement cesser de vouloir tout contrôler. Laisse les choses se faire naturellement, laisse-toi porter par la vie... Qu'est-ce que tu risques d'essayer ? - **Rava**

« Pour se lever chaque matin avec la volonté d'être heureux... consiste à définir nos propres conditions aux événements de la journée. Il s'agit de définir les circonstances au lieu d'être conditionnée par eux. - **Ralph Trine**
«Vous faire du souci, c'est utiliser votre imagination pour créer quelque chose que vous ne voulez pas». - **Abraham**

«Il n'y a pas de personnes méchantes... Il y a seulement des personnes souffrantes qui n'ont pas trouvé d'autres moyens que de blesser les autres pour gérer leur propre souffrance... Quand nous sommes épanouis et heureux, avons-nous envie de chercher des histoires aux autres ?» - **Catherine Ikalayos**

« Croyez en vous-même et en tout ce que vous êtes... Sachez qu'il y a quelque chose à l'intérieur de vous qui est plus grand que n'importe quel obstacle. « - **Christian Larson**

«Suis ton Cœur pour que ton visage rayonne durant le temps de ta vie». - **Proverbes égyptiens**

«Allez toujours plus haut. Il est possible pour vous de faire tout ce que vous choisissez, si tout d'abord vous savez qui vous êtes et êtes disposés à travailler avec une puissance supérieure à nous-mêmes pour le faire». - **Ella Wheeler Wilcox**

«Vivez avec la certitude absolue que vous avez le pouvoir de créer quoi que ce soit que vous désirez — tout ce que vous voulez! — parce que la puissance dont vous avez besoin est la puissance de l'univers qui coule à travers vous». - **Sonia Choquette**

«L'humanité serait depuis longtemps heureuse, si tout le génie que les hommes mettent à réparer leurs erreurs, ils l'employaient à ne pas les commettre.» - **Bernard Shaw**

«Personne ne peut nous sauver, a part nous-mêmes... Personne ne peut et personne ne le fera pour nous... Nous devons nous-mêmes marcher dans notre propre voie». - **Bouddha**

«L'art de vivre est l'art de penser correctement, car la vie n'a aucune valeur sauf quand la pensée crée des idéaux pour que l'individu donne un sens à sa vie».- **Abel L. Allen**

«Vos propres mots sont les briques et le mortier des rêves que vous souhaitez réaliser... Vos paroles sont la plus grande puissance que vous avez... Les mots que vous choisissez et leur utilisation établissent la vie que vous expérimentez». - **Sonia Choquette**

«La CONCENTRATION en général peut être définie comme l'attitude d'esprit dans lequel toute l'attention et tout le talent est appliquée sur la seule chose que nous faisons maintenant activement. Nous nous concentrons dans le plein sens du terme quand on se donne complètement à la pensée ou l'action du moment présent».   - **Christian D.Larson**

«Il est d'expérience commune qu'un problème difficile pendant la nuit est résolu dans la matinée après que le Comité du sommeil a travaillé là-dessus».- **John Steinbeck**

«Notre destin change avec nos pensées ; nous devenons ce que nous voulons devenir, faisons ce que nous voulons faire, lorsque nos habitudes de pensées correspondent avec nos désirs» - **Orison Swett Marden**

«Donner autant de temps à votre développement personnel que vous n'avez pas de temps à critiquer les autres. Soyez trop grand pour vous inquiéter, trop noble pour la colère, trop fort pour la peur, et trop heureux pour autoriser la présence d'ennui». - **Christian D. Larson**

« Nous possédons en nous une force d'une puissance incalculable qui, lorsque nous la manions d'une façon inconsciente, nous est souvent préjudiciable. Si, au contraire, nous la dirigeons d'une façon consciente et sage, elle nous donne la maîtrise de nous-mêmes et nous permet non seulement d'aider à nous soustraire nous-mêmes et à soustraire les autres à la maladie physique et à la maladie morale, mais encore de vivre relativement heureux, quelles que soient les conditions dans lesquelles nous puissions nous trouver « - **Emile Coué**

«Lorsque la confiance et la pensée interagissent, elles émettent des vibrations que le subconscient capte et transforme en un équivalent subtil qui agit comme une prière sur l'Intelligence infinie». - **Napoléon Hill**

«Notre esprit est le centre d'Opération divin... L'action Divine est toujours pour l'expansion et pour une expression plus complète et cela signifie la création au-delà de de ce qui était auparavant, quelque chose d'entièrement nouveau, qui n'est pas inclus dans l'expérience passé, même si la procédure procède de ce passé par une séquence ordonnée de la croissance. Par conséquent, puisque le divin ne peut pas changer sa nature inhérente, il doit fonctionner de la même manière en moi ; par conséquent dans mon propre monde spécial, dont je suis le centre, il empruntera et produira de nouvelles conditions, toujours en avance de toutes celles qui les ont précédés. « - **Thomas Trowards**

«Nous sommes tous ici pour une raison particulière. Cesser d'être prisonnier de votre passé. Devenez l'architecte de votre avenir.» - **Robin S. Sharma**

« Tout change quand vous commencez à émettre votre propre fréquence plutôt que d'absorber les fréquences autour de vous, lorsque vous imprégnez votre intention sur l'univers plutôt que de recevoir une empreinte de l'existence. « - **Barbara Marciniak**

« Le moyen de se débarrasser de la noirceur est avec la lumière ; la façon de surmonter le froid est avec la chaleur ; la façon de surmonter la pensée négative est de la remplacer par la bonne pensée. Affirmer le bien et le mal disparaîtra. « - **Joseph Murphy**

«Chacune de vos pensées vibre à une fréquence très personnelle... et, par la puissante Loi d'Attraction (l'essence de ce qui est semblable est attiré), cette pensée attire alors une autre pensée qui est son Équivalent Vibratoire. Et maintenant, ces pensées combinées se mettent à vibrer à une fréquence plus élevée que celle de la pensée initiale. Ensemble elles vont désormais, par la Loi d'Attraction, en attirer une autre, puis une autre, puis encore une autre, jusqu'à ce que finalement toutes ces pensées réunies soient assez puissantes pour attirer une situation ou une manifestation « dans la vie réelle «. - **Abraham**

«Dieu est un, mais il a d'innombrables formes. Il est le créateur de tout et il prend lui-même la forme humaine» - **Guru Nanak**

«N'oubliez pas qu'un objectif, tant qu'il n'est pas inscrit en noir sur blanc, ne reste qu'un souhait... Le crayon et le papier activent le subconscient et programment l'objectif». - **Ronna Herman**

«Tout le monde fait des erreurs... Les gens sages ne sont pas des gens qui ne font jamais d'erreurs, mais ceux qui se pardonnent et apprennent de leurs erreurs». - **Ajahn Brahm**

« Les grandes transformations se font à petits pas... Pose une pierre chaque jour, n'abandonne jamais ta construction, et l'édifice grandira... Combats le doute et la paresse... Tiens constamment ton esprit en éveil... Observe, comprends, et aime. « - **D. Rimpoché**

«Un homme n'est pas bien conditionné que s'il est un être heureux, sain et prospère. Le bonheur, santé et prospérité sont le résultat d'un ajustement harmonieux de l'intérieur à l'extérieur de l'homme avec son environnement». - **James Allen**

«Chaque fois que vous ne suivez pas votre guidance intérieure, vous sentez une perte d'énergie, une perte de puissance et un sentiment de vide spirituelle». - **Shakti Gawain**

«Soyez prudent avec quoi vous nourrissez votre esprit et votre âme... Carburez-vous avec du positif et de laisser ce carburant vous propulser vers une action positive» - **Steve Maraboli**

«Le bonheur est l'expérience spirituelle de vivre chaque minute dans l'amour, dans la grâce et dans la gratitude». - **Denis Waitely**
«Les pensées sont magnétiques et elles ont une fréquence. Toutes vos pensées sont envoyées dans l'Univers et elles attirent comme un aimant toute chose ayant une même fréquence. Tout ce qui est envoyé revient à la source, c'est-à-dire à vous». - **Rhonda Byrne**

«Commencer à faire ce que vous voulez faire maintenant... Nous ne vivons pas dans l'éternité. Nous avons seulement ce moment, pétillant comme une étoile dans notre main... fondant comme un flocon de neige. Utilisons-le avant qu'il ne soit trop tard. « - **Marie Beyon Ray**

«Créer de l'harmonie entre la tête et le cœur met de la puissance derrière vos objectifs. En mettant votre tête en synchronisation avec votre coeur et en exploitant la puissance de la cohérence vous donnent l'efficacité énergétique que vous avez besoin pour réaliser des changements qui n'ont pas été possibles auparavant. La tête peut remarquer que les choses doivent changer, mais le cœur fournit la puissance et la direction pour amener les changements...» - **Doc Childre and Howard Martin**, The HeartMath Solution

«La simplicité est la plus haute qualité d'expression. (...) c'est le résultat le plus précieux que les hommes retiennent dans leur formation personnelle». - **Lao Tzu**

«L'Intuition est une faculté spirituelle qui n'explique pas, mais qui montre simplement la voie à suivre». - **Florence Scovel Shinn**

«Chaque matin, en m'éveillant, je suis heureuse de sentir que j'existe et que la beauté du jour qui vient - dépend de la beauté que je veux y mettre». - **Huguette Oligny**

«Si tu refuses de voir le meilleur en toi-même et choisis de t'attarder sur tout le négatif en toi, tu dois être prêt à en accepter les conséquences, car tu attires à toi ce que tu maintiens dans tes pensées. Ne pense qu'au meilleur et c'est le meilleur qui sera devant toi... « - **Eileen Caddy**

«La solitude n'est pas l'absence de compagnie, mais le moment où notre âme est libre de converser avec nous et de nous aider à décider de nos vies» - **Paulo Coelho**

«Chaque moment de votre vie est créateur et l'Univers est infiniment généreux. Faites une demande suffisamment claire et tout ce que votre cœur désire viendra à vous». - **Shakti Gawain**

«Réalisez que maintenant, en ce moment même, vous créez... Vous créez votre prochain moment basé sur ce que vous ressentez et pensez. C'est la réalité. Nous pouvons lâcher la croyance inconsciente qu'être angoissé sur le passé ou l'avenir nous protègent et qu'il est préférable de reprogrammer nos cellules avec de nouvelles façons de réagir». - **Doc Childre et Deborah Rozman**

«Le jeu de la vie est un jeu de boomerangs. Nos pensées, nos actes et nos paroles nous retournent tôt ou tard avec une précision étonnante». - **Florence Scovel Shinn**

«Lorsqu'un objet ou un but est clairement entretenu dans nos pensées, sa précipitation sous une forme tangible et visible est une simple question de temps. La vision précède toujours, et c'est elle qui détermine la réalisation». - **Lillian Whiting**

«Nous n'apprendrons jamais à ressentir et à respecter notre véritable vocation et destin, à moins que nous considérons toutes choses comme des balivernes, par rapport à l'éducation du cœur». - **Sir Walter Scott**

«L' inspiration est à l'intérieur de nous. Le Silence est nécessaire, les sens doivent être au repos, les muscles détendus. Lorsque vous êtes donc en possession d'un sentiment de calme et de pouvoir intérieur, vous serez prêt à recevoir de l'information ou de l'inspiration ou de la sagesse qui peut être nécessaire pour le développement de votre objectif». - **Charles F. Haanel**

«La vie n'est pas facile pour aucun d'entre nous. Mais qu'en est-il de cela ? Nous devons avoir la persévérance et surtout confiance en nous-mêmes. Nous devons croire que nous sommes doués pour quelque chose et que cette chose doit être accomplie». - **Marie Curie**

«Je pense profondément que le voyage de notre vie est un cadeau, et que nous ne pouvons jamais vraiment savoir combien de temps dure le trajet. Tout ce que nous pouvons faire est de décider comment elle se déroule.» - **Sonia Choquette**

«Tout ce que nous maintenons dans notre conscience pour une certaine durée s'imprime sur notre subconscient et devient un modèle que l'énergie créatrice brandira dans notre vie et dans notre environnement». - **Charles F. Haanel**

«Si vous croyez que vous aurez toujours tout ce dont vous avez besoin, il en sera ainsi dans votre vie… Si votre foi est axée sur le manque, vos besoins ne seront jamais comblés. Votre monde est simplement le reflet de votre confiance».- **John Randolph Price**

«Lorsque l'homme est SEREIN, le pouls de son cœur s'écoule et se connecte, tout comme les perles sont réunis ou comme un collier de jade rouge, ainsi on peut parler d'un coeur sain». - **Canon de l'empereur jaune de la médecine interne**, 2500 avant J. C.

«En vérité, tu ne peux renoncer à rien, car ce à quoi tu résistes persiste. Le vrai renonciateur ne renonce pas, mais fait un choix différent, tout simplement. C'est l'acte d'aller vers quelque chose et non de s'éloigner de quelque chose.» - **Neale Donald Walsch**

cerveau et notre cœur, entre notre biologie et notre esprit, qui permet la transcendance d'un endroit évolutif à l'autre, que nous sommes littéralement, faits pour transcender. La Transcendance est notre impératif biologique, un État que nous avons évolué vers depuis des millénaires». - **Joseph Pearce de Chilton**, la biologie de la transcendance

«La plus haute étape de la culture morale est lorsque nous reconnaissons que nous devons contrôler nos pensées». - **Charles Darwin**

«La Véritable créativité commence tout simplement avec l'équilibrage de vos émotions et en activant le pouvoir du cœur. Par la pratique de la gestion émotionnelle du cœur, vous puisez dans la plus haute forme de créativité possible — en modifiant vos perceptions de la réalité». - **Doc Childre**

«Vous écrivez l'histoire de votre vie un moment à la fois». - **Howard Martin**

«Le plus fondamental de tous les besoins de l'homme est la nécessité de comprendre et d'être compris. La meilleure façon de comprendre les gens est de les écouter. - **Ralph Nichols**

«Le Bonheur réside non pas dans les possessions ni dans l'or, le sentiment du bonheur se ressent dans l'âme». - **Démocrite**

«Tous les problèmes du monde pourraient être réglés facilement si les hommes étaient seulement disposés à penser. Le problème, c'est que les hommes recourent très souvent à toutes sortes de ruses pour ne pas penser, parce que pensée est un dur labeur». - **Thomas J. Watson**

«La Nature ne prend aucun parti, la nature est impartial. Vous recevez ses fruits selon vos actes». - **S.N. Goenka**

«La pensée aboutit en action. Si nous voulons changer la nature de l'action, nous devons changer la pensée, et la seule façon de changer la pensée est de substituer une attitude mentale saine pour les conditions chaotiques mentales existant actuellement». - **Charles F. Haanel**

«Vos croyances éminentes, définissent votre tempérament, votre état et votre vie de tous les jours». - **Claude Bristol**

«Il y a une Différence énorme entre celui qui cherche à se dépasser et celui qui veut être le meilleur. Le Premier Travaille sur Lui et le Second, par rapport aux Autres! - **P. Bottero**

«La connaissance qui compte n'est pas la connaissance du mal, ni les faits sur les faux pas de l'homme, mais la connaissance qui nous apprend comment l'homme peut faire ressortir la grandeur et la beauté qui sont latents en lui. La connaissance qui compte n'est pas la connaissance qui nous dit comment éviter le mal, mais Comment faire pour augmenter la Puissance du Bien». - **Christian D. Larson**

«Vos convictions, vos opinions et vos sentiments colorent vos perceptions et propagent continuellement une répétition d'énergie qui balaye ou attire telle ou telle circonstance». - **Barbara. Marciniak**

«Lorsque nous apprenons à gérer nos émotions assez longtemps pour arrêter et porter notre attention sur le message plus calme du cœur, nous pouvons obtenir une perspective plus large sur n'importe quelle situation, et souvent nous sauver de la douleur, de la frustration et de la douleur». - **Doc Childre et Howard Martin**, TheHeartMath Solution

«Le grand secret de la vie est d'apprendre à vivre en harmonie avec les lois de la Nature. Les lois de la Nature sont des Principes divins et sont là pour guider et diriger l'homme». - **Abel Allen**

«Une fois que vous vous rendez compte que le chemin est le but et que vous êtes toujours sur le chemin, pour ne pas atteindre un but, mais pour apprécier sa beauté et sa sagesse, la vie cesse d'être une tâche et devient naturelle et simple, une extase en elle-même. « - **Sri Nisargadatta Maharaj**

«Nous ne pouvons pas être heureux si nous nous attendons à vivre tout le temps au plus haut sommet d'intensité. Le Bonheur n'est pas une question d'intensité, mais d'équilibre, d'ordre, de rythme, et d'harmonie». - **Thomas Merton**

« Parfois, les gens ne veulent pas entendre la vérité, parce qu'ils ne veulent pas que leurs illusions se détruisent. « - **Friedrich Nietzsche**

«L'inspiration est l'art de l'imbibition ; l'art de l'épanouissement personnel ; l'art du réglage de l'esprit individuel à celle de l'esprit universel ; l'art d'attacher le mécanisme approprié pour la source de tout pouvoir ; l'art de différencier l'informe en forme ; l'art de devenir un canal pour l'écoulement de la sagesse infinie ; l'art de la visualisation de la perfection ; l'art de la réalisation de l'omniprésence de la toute-puissance». - **Charles F. Haanel**

«L'acceptation ne veut pas dire qu'on ne puisse pas changer les choses mais que, les choses étant ce qu'elles sont, nous les acceptons et que, si elles changent pour le meilleur ou pour le pire, nous l'acceptons aussi». - **Lee Lozowick**

«Tant de gens mènent une vie vide de sens. Ils semblent à moitié endormi, même quand ils sont occupés à faire des choses qui paraissent importantes. C'est parce qu'ils courts après les mauvaises choses. La façon de trouver un sens à votre vie est de vous consacrer à aimer les autres, de vous consacrer à votre communauté autour de vous et de vous consacrer à la création de quelque chose qui vous donne un but et un sens dans la vie». - **Mitch Albom**

« N'oubliez pas, si vous ne faites rien – si vous ne changez pas la façon dont votre esprit fonctionne et ne diriger pas votre subconscient pour créer la vie que vous voulez – alors tout reste pareil, rien ne change. « - **Steve Backley**

«Regarder la vie comme un jeu d'économie d'énergie. Chaque jour, posez-vous la question suivante, «Est-ce que mes dépenses énergétiques (actions, réactions, pensées et sentiments) sont productives ou non productives ? Au cours de ma journée, ai je accumulé plus de stress ou plus de paix» - **Doc Childre et Howard Martin, la Solution HeartMath**

« Chaque situation nouvelle, chaque problème à résoudre amène avec lui l'opportunité rare d'apprendre quelque chose de nouveau. « - **Olivier Lockert**

« La psychologie positive est l'étude scientifique du fonctionnement optimal de l'homme, qui vise à découvrir les facteurs permettant aux individus et aux communautés de s'épanouir. « - **Martin Seligman**

« La joie est le soleil des âmes; elle illumine celui qui la possède et réchauffe tous ceux qui en reçoivent les rayons» - **Carl Reysz**

«Il n'y a pas de fin à l'éducation. Ce n'est pas en lisant un livre, en réussissant un examen que nous terminons notre éducation. Toute notre vie, à partir du moment où que vous êtes né jusqu'à l'instant de la mort, est un processus d'apprentissage». - **Jiddu Krishnamurti**

«Un homme doit apprendre qu'il ne peut commander les choses, mais qu'il peut se commander lui-même ; qu'il ne peut pas contraindre la volonté d'autrui, mais qu'il peut mouler et maîtriser sa propre volonté». - **James Allen**

«L'inaction engendre le doute et la peur. L'action engendre la confiance et le courage. Si vous voulez vaincre votre peur, ne restez pas assis à la maison à y penser. Sortez et mettez-vous au travail». - **Dale Carnegie**

«Si nous parlons ou agissons avec un cœur et un esprit paisibles et lumineux, le bonheur s'ensuivra aussi sûrement que notre ombre qui jamais ne nous quitte». - **Versets du Dhammapada**

«C'est dans vos moments de décision que votre destinée prend forme». - **Anthony Robbins**

«La vérité est que nous pouvons apprendre à conditionner notre esprit, notre corps et nos émotions pour relier la douleur ou le plaisir à tout ce que nous choisissons. En changeant ce que nous lions à la douleur ou au plaisir, nous allons changer nos comportements». - **Tony Robbins**

«Il n'y a pas d'erreurs dans la vie. Les événements qui nous arrive, peu importe combien ils peuvent êtres désagréables, sont nécessaires pour apprendre ce que nous devons apprendre ; toutes les étapes que nous prenons sont nécessaires pour atteindre les endroits que nous avons choisi d'aller». - **Richard Bach**

«Je deviens ce que je vois en moi même. Tout ce que la pensée me suggère, je peux le faire, tout ce que la pensée me révèle, je peux le devenir. Telle devrait être l'inébranlable foi de l'homme en lui-même, car le divin habite en lui». - **Sri Aurobindo**

«Les gens qui demandent en toute confiance obtiennent plus que ceux qui sont hésitants et incertains. Lorsque vous savez ce que vous voulez demander, faites-le avec certitude, audace et confiance. « - **Jack Canfield**

«Les pensées sont des causes. Les conditions sont simplement des effets. Nous pouvons nous modeler et modeler notre environnement en orientant résolument nos pensées vers l'objectif que nous avons à l'esprit». - **Robert Collier**

« Tu as été créé pour gagner, triompher, conquérir. Tu ne devrais jamais t'arrêter sur l'échec, la perte, la pénurie ou les limitations de toutes sortes « - **John Murphy**

«Aujourd'hui, c'est la vie, la seule vie qui est vrai. Tirer le meilleur d'aujourd'hui. Intéressez-vous à quelque chose. Secouez vous. Développer un hobby. Laissez les vents de l'enthousiasme passer à travers vous. Vivez aujourd'hui avec brio» - **Dale Carnegie**

«Personne ne peut revenir en arrière, mais tout le monde peut aller de l'avant. Et demain, quand le soleil se lèvera, tout ce que vous avez à dire à vous-même est : je vais penser à ce jour comme le premier jour de ma vie». - **Paulo Coelho**

«Ce qu'il faut, c'est devenir soi-même une source de bien-être. Voyez le soleil, il est le soleil, il ne peut pas s'empêcher de répandre de la chaleur et de la lumière. - **Alexandra David-Néel**

«Brisez vos Limites, faites Sauter la barrière de vos Contraintes, Mobilisez votre Volonté, Exigez la Liberté comme un Droit, Soyez ce que Vous Voulez Être! Découvrez ce que Vous Aimeriez Faire et Faites tout votre Possible pour y Parvenir». - **Richard Bach**

«Être authentique c'est accepter de voir qu'on est ce qu'on est et pas ce qu'on imagine être en regardant son personnage dans un miroir». - **Karlfried Graf Durckheim**

«Dans un certain sens, l'homme est un microcosme de l'univers ; donc l'homme, est une idée de l'univers. Nous sommes enveloppés dans l'univers». - **David Bohm**

«Le temps à plus de valeur que l'argent. Vous pouvez obtenir plus d'argent, mais vous ne pouvez pas obtenir plus de temps». - **Jim Rohn**

«L'amour est l'affinité qui relie et rassemble les éléments du monde... En fait, l'amour, est l'agent de synthèse universelle». - **Pierre Teilhard de Chardin**

«Chaque personne est la création de lui-même, l'image de ses propre pensées et convictions. Ce que les individus pensent et croient, ainsi sont-ils». - **Claude M. Bristol**

« La puissance créatrice, est cette attitude expectative qui fait un moule dans lequel la substance malléable encore indifférenciée peut couler et prendre la forme désirée. « - **Thomas Troward**

«Nos pensées deviennent des choses. Si vous le voyez dans votre esprit, vous le tiendrez dans votre main» - **Bob Proctor**

« Du moment que vous changez votre perception est le moment ou vous réécrivez la chimie de votre corps» - **Bruce Lipton**

« Nous oublions souvent que nous sommes NATURE. La Nature n'est pas quelque chose de distinct de notre part. Ainsi quand nous disons que nous avons perdu notre connexion à la nature, nous avons perdu notre connexion à nous-mêmes. « - **Andy Goldsworthy**

«Tout comme les ondulations rayonnent à partir de l'endroit où est jetée une pierre dans un bassin d'eau, nos pensées, sentiments, émotions et croyances inconscientes créent des « perturbations « dans l'univers et deviennent les plans de notre vie.» - **Gregg Braden**

«J'étais euphorique par la nouvelle réalisation que je pouvais changer le caractère de ma vie en changeant mes convictions. Je fus instantanément excité parce que j'ai réalisé qu'il y avait une voie axée sur la science qui me prendrait de mon travail comme « victime

« à mon nouveau poste comme « co-créateur « de mon destin»
- **Bruce H. Lipton**

«Au lieu de demander l'opinion de tout le monde et comment votre action sera perçue par les autres, posez-vous la question suivante, «Comment je veux vivre ma vie ?» Continuez d'avancer en direction de cette nouvelle action». - **Wayne Dyer**

«La meilleure chose et la plus sûre consiste à maintenir un équilibre dans votre vie, de reconnaître les grandes forces autour de nous et en nous. Si vous pouvez faire cela et vivre de cette façon, vous êtes vraiment un homme sage». - **Euripide**

«Toute personne a le libre choix. Il est libre d'obéir ou de désobéir aux lois naturelles. Votre choix détermine les conséquences. Personne n'a jamais fait, ou n'a jamais, échapper aux conséquences de ses choix». - **Alfred A. Montapert**

«Le secret du changement consiste à concentrer son énergie pour créer du nouveau, et non pas pour se battre contre l'ancien». - **Dan Millman**

«Ne laisse jamais tes doutes t'envahir, ils pourraient devenir des certitudes. Continue plutôt de croire en tes rêves pour qu'ils deviennent réalité». - **Alexandra Julien**

«Au lieu de voir les choses comme vous les imaginez, apprenez à les voir comme elles sont. Quand vous pourrez voir chaque chose comme elle est, vous vous verrez également comme vous êtes.» - **Sri Nisargadatta Maharaj**

«Dans chaque épreuve se trouve la semence d'un avantage équivalent. Dans chaque défaite il y a une leçon qui vous montre comment gagner la victoire la prochaine fois». - **Robert Collier**

«L'art de vivre est de vivre dans le moment présent et de rendre ce moment aussi parfait que possible par la réalisation que nous sommes les instruments et l'expression de l'esprit universel». - **Emmet Fox**

«Vous devez accepter tout ce qui vient et il est seulement important que vous le rencontrez avec courage et avec le meilleur que vous avez à donner». - **Eleanor Roosevelt**

«Le rêve est la petite porte cachée dans le sanctuaire plus profonde et plus intime de l'âme, qui s'ouvre à la nuit cosmique primordiale qu'était l'âme bien avant il était un esprit conscient». - **Carl Jung**

«Nous craignons les choses en proportion de notre ignorance de celles-ci». - **Christian Nestell Bovee**

«L'amour est une force formidable plus que tout autre. Il est invisible - il ne peut être observé ou mesuré, mais il est assez puissant pour vous transformer en un instant et vous offre plus de joie que toute possession matérielle». - **Barbara De Angelis**

«Celui qui croit que la vie a un sens est plus apte à accepter les événements défavorables de sa vie pour faire d'eux des outils d'évolution et d'apprentissage». - **A.C. Ping**

«Le plus haut degré de la sagesse humaine est de savoir plier son caractère aux circonstances et se faire un intérieur calme en dépit des orages extérieurs». - **Daniel Defoe**

«Plus vous êtes reconnaissant pour tout le bien qui entre dans votre vie, plus vous placez votre esprit au contact de ce pouvoir dans la vie qui peut produire un plus grand bien». - **Christian D Larson**

«Bien que le temps semble passer vite, il ne voyage jamais plus vite qu'un jour à la fois. Chaque jour est une nouvelle opportunité de vivre votre vie au maximum. À chaque jour, vous trouverez des moments de bénédictions et de possibilités pour un changement positif. Ne laissez pas votre aujourd'hui être volé par le passé

immuable ou l'avenir indéfini ! Aujourd'hui est un jour nouveau!»
- **Steve Maraboli**

«L'attitude mentale est modelé d'après les images mentales que nous avons photographiées dans notre cerveau. Si vous n'aimez pas ces images détruisez-en les négatifs et créez de nouvelles images. C'est l'art de la visualisation». - **Charles F. Haanel**

« Notre plus grande gloire n'est point de tomber mais de savoir nous relever chaque fois que nous tombons. «   - **Confucius**

«Un ami qui n'est pas sincère et qui est méchant est plus à craindre qu'une bête sauvage ; une bête sauvage peut blesser votre corps, mais un mauvais ami blessera votre esprit'. - **Bouddha**

«La Vie est Belle quand Tu Choisis Ta vie, et non celle des autres! Car tu te donnes la Chance de vivre, et non d'exister»

«Notre raison d'être n'est pas de devenir meilleur que les autres, mais plutôt de devenir le meilleur de nous-mêmes.» -**Thomas L. Monson**

«Soyez la Personne que vous aimeriez Rencontrer! Quoi qu'il arrive, continuez toujours à Croire en vous, en la vie et en chaque chose que vous Faîtes»

« Il y a une force dans l'univers, qui, si nous le permettons, peut circuler à travers nous et produire des résultats miraculeux. « - **Mahatma Gandhi**

«La différence fondamentale entre l'émotion et la raison est que l'émotion débouche sur l'action, tandis que la raison aboutit à des conclusions». - **Donald Cane**

« Vous devez trouver la place à l'intérieur de vous-même, où rien n'est impossible. « - **Deepak Chopra**

«La seule façon que nous pouvons vivre, est si nous grandissons. La seule façon que nous pouvons grandir est si nous changeons. La seule façon que nous pouvons changer, c'est si nous apprenons. La seule façon que nous pouvons apprendre, c'est si nous sommes exposés. Et la seule façon que nous pouvons devenir exposés est si nous nous montrons au grand jour. « - **C. JoyBell**

« Si mon esprit peut le concevoir, et mon cœur peut le croire - alors je peux le réaliser. « - **Muhammad Ali**

« Lorsque vous poursuivez un rêve, vous apprenez sur vous-même. Vous apprenez vos capacités et limitations et la valeur du travail acharné et de la persévérance. « - **Nicholas Sparks**

«En quelque sorte je ne peux pas croire qu'il y a des hauteurs qui ne peuvent pas être atteint par un homme qui connaît le secret de réaliser ses rêves. Ce secret spécial, il me semble, peut se résumer en quatre C. Ils sont la curiosité, la confiance, le courage et la constance, et le plus grand de tous est la confiance. Lorsque vous croyez en une chose, croyez en elle tout le long du chemin, implicitement et indiscutable. « - **Walt Disney**

« La plus grande découverte de n'importe quelle génération, c'est qu'un homme peut changer sa vie en modifiant son attitude. « - **William James**

«Chaque personne et tous les événements de votre vie sont là parce que vous les avez attirés. Ce que vous choisissez de faire avec eux vous appartient. « - **Richard Bach**

« Les champions ont le courage de continuer à tourner les pages parce qu'ils savent qu'un chapitre meilleur les attend. « - **Paula White**

«Je souhaite que je pourrais vivre ma vie sans faire de détour. Mais c'est impossible. Un chemin comme ça n'existe pas. Nous échouons. Nous essayons. On se perd. Nous faisons des erreurs. Et peu à peu, une étape à la fois, nous poussons vers l'avant. C'est tout ce que nous pouvons faire. « - **Natsuki Takaya**

« L'endroit pour améliorer le monde est d'abord dans son propre cœur et dans sa propre tête, ainsi qu'avec ses mains, et de travailler ensuite vers l'extérieur à partir de là. « - **Robert M. Pirsig**

« Le succès n'est pas la clé du bonheur. Le bonheur est la clé du succès. Si vous aimez ce que vous faites, vous allez réussir.» - **Albert Schweitzer**

«J'en suis venu à accepter le sentiment de ne pas savoir où je vais. Et je me suis entrainé à aimer cela. Parce que c'est seulement lorsque nous sommes suspendu dans les airs avec aucun atterrissage en vue, que nous forçons nos ailes pour démêler et hélas commencer notre vol. Et comme nous volons, nous pouvons toujours ne savoir où nous allons. Mais le miracle est dans le déroulement des ailes. Vous ne savez pas où vous allez, mais vous savez que tant que vous déployer vos ailes, le vent vous portera. « - **C. JoyBell C.**

«Peu importe qui vous êtes, peu importe ce que vous faisiez, peu importe d'où vous êtes, vous pouvez toujours changer, devenir une meilleure version de vous-même.» - **Madonna**

«Il y a une bougie dans votre cœur, prêt à être allumé. Il y a un vide dans ton âme, prêt à être rempli. Vous le ressentez, n'est-ce pas?» - **Rumi**

«Beaucoup de gens mènent une vie vide de sens. Ils semblent à moitiés endormis, même quand ils sont occupés à faire des choses qui paraissent importants. C'est parce qu'ils courent après les mauvaises choses. La manière de trouver un sens à sa vie est de vous consacrer à aimer les autres, de vous consacrer à votre communauté autour de vous et de vous consacrer à la création de quelque chose qui vous donne un sens et un but. « - **Mitch Albom**

«Quoi que vous fassiez, vous avez besoin de courage. Quelles que soient ce que vous décider, il y a toujours quelqu'un pour vous dire que vous avez tort. Il y a toujours des difficultés qui arrivent qui tentent de vous faire croire que vos critiques sont bonnes. Pour tracer une ligne de conduite et la suivre jusqu'à terme nécessite certains du même courage qu'a besoin un soldat. Paix a ses victoires, mais il faut les braves hommes et femmes pour les gagner.» - **Emerson**

«Quand votre foi sera renforcée, vous trouverez qu'il n'est plus nécessaire d'avoir un sentiment de contrôle, que les choses s'écouleront comme ils veulent, et que vous coulerez avec eux pour votre plus grand plaisir et profit». - **Emmanuel Teney**

«La vie est fait pour être vécue, et notre curiosité doit être maintenue en vie. On doit jamais, pour quelque raison, tourner le dos à la vie. « - **Eleanor Roosevelt**

«Notre plus grande peur n'est pas que nous sommes insuffisants. Notre plus grande peur est que nous sommes puissants sans mesure. C'est notre lumière, pas notre obscurité qui nous fait peur. Nous nous demandons nous-mêmes, « qui suis-je pour être brillant, magnifique, talentueux, fabuleux? « En fait, qui n'êtes-vous pas ? Vous êtes un enfant de Dieu. Ton petit jeu ne sert pas le monde. Il n'y a rien d'éclairé sur votre abaissement de sorte que les autres personnes ne se sentent sûrs autour de vous. Nous sommes tous appelés à briller, comme font les enfants. Nous sommes nés pour rendre manifeste la gloire de Dieu qui est en nous. Il n'est pas seulement à certains d'entre nous ; Il est en chacun de nous. Et que nous laissons briller notre propre lumière, nous donnons inconsciemment autrui l'autorisation de faire la même chose. Comme nous sommes libérés de notre propre peur, notre présence automatiquement en libère d'autres. « - **Marianne Williamson**

Aimer comme si vous n'aviez jamais été blessé. Chanter comme si personne n'était à l'écoute. Et vivre comme si c'était le paradis sur terre. - **William W. Purkey**

"

Choisissez un travail que vous aimez
et vous n'aurez pas à travailler un
seul jour de votre vie.

CONFICIUS

«La joie fait venir le bonheur, le mécontentement et l'insatisfaction le font fuir. Un cœur joyeux permet de créer autour de soi toujours plus de lumière et de renouveau». - **Matsumoto Jitsudo**

«Nous sommes conçus pour progresser et non pour prendre nos aises, que ce soit dans les creux de vague ou dans les périodes fastes». - **John GARDNER**

«Vous avez un cerveau dans votre tête. Vous avez des pieds dans vos chaussures. Vous pouvez choisir n'importe quelle direction que vous voulez. Vous êtes ce que vous êtes. Et vous savez ce que vous savez. Et vous êtes celui qui va décider où aller.» - **Dr Seuss**

« Le bonheur est un parfum que l'on ne peut répandre sur autrui sans en faire rejaillir quelques gouttes sur soi-même. « - **Ralph Waldo Emerson**

«C'est amusant de souhaiter, de rêver et d'imaginer. Ce qui est beaucoup, beaucoup plus agréable et épanouissant, cependant, c'est de réellement vivre le meilleur de ce que vous imaginez». - **Marston**

«Les défis sont ce qui rend la vie intéressante et les surmonter, c'est ce qui rend la vie significative». - **Joshua J. Marine**

«Les grandes âmes ont de la volonté, les faibles n'ont que des souhaits» – **Proverbe chinois**

«Rien ne peut arrêter l'homme d'atteindre son but avec la bonne attitude mentale ; rien au monde peut aider l'homme avec la mauvaise attitude mentale». - **Thomas Jefferson**

«Ne vous inquiétez pas des échecs, inquiétez-vous des chances que vous manquez quand vous n'essayez même pas». - **Jack Canfield**

« Vouloir quelque chose, mais ne pas essayer, c'est comme vouloir nager sans se mouiller» – **Wilson Kanadi**

«Tout ce que tu veux, tout ce dont tu rêves, tout ce que tu espères réaliser est à ta portée, si tu y crois vraiment» - **Dr. Seuss**

« Les grandes choses ne sont pas réalisées par la force, mais par la persévérance « – **Samuel Johnson**

« Tout le monde a le droit au bonheur, mais personne n'a le droit de détruire celui des autres « - **Dalaï Lama**

« Les deux guerriers les plus puissants sont la patience et le temps. N'oublie pas que les grandes réalisations prennent du temps et qu'il n'y a pas de succès du jour au lendemain « - **Léon Tolstoï**

«Il y a deux choix de base dans la vie; accepter les choses telles qu'elles sont, ou accepter la responsabilité de les changer». - **Denis Waitley**

« La motivation vous sert de départ. L'habitude vous fait continuer. « - **Jim Ryun**

«Votre vie est déterminée non pas tant par ce que la vie vous apporte que par l'attitude que vous apportez à la vie ; non pas tant par ce qui vous arrive que par ce que votre esprit perçoit ce qui s'y passe». - **Khalil Gibran**

«Lorsque l'esprit, tel un instrument de musique, est accordé avec l'univers, le chant du monde y éveille en tout point des vibrations compréhensives». - **Rabindranath Tagore**

«La plus grande révélation, c'est que le divin est en chaque homme». - **Ralph Waldo Emerson**

«Vous devez prendre des risques. Nous allons comprendre le miracle de la vie pleinement lorsque nous laissons l'imprévu se produire». - **Paulo Coelho**

«La clé est de tenir compagnie uniquement avec les personnes qui vous élève, dont la présence suscite le meilleur en vous». - **Épictète**

«Nous pouvons toujours choisir de percevoir les choses différemment. Vous pouvez vous concentrer sur ce qui ne va pas dans votre vie, ou vous pouvez vous concentrer sur ce qui est juste». - **Marianne Williamson**

«Sentez l'incroyable puissance de vos meilleures possibilités et allez de l'avant en étant responsable de vos possibilités. Fais ce que tu dois pour vivre à ton meilleur, parce que dans ton meilleur est la vérité de qui tu es» - **Ralph Marston**

« Acceptez la vie comme elle vient. La voie la plus sûre pour découvrir la vérité est de ne plus résister à ce qui se présente. « - **Jean Klein**

«Beaucoup de gens croient penser alors qu'ils ne font que réarranger leurs préjugés». - **William James**

«La vie est pleine de surprises et de hasard. Être ouvert aux virages inattendus sur notre route est un élément important du succès. Si vous essayez de planifier toutes les étapes, vous pouvez manquer ces merveilleuses péripéties. - **Condoleeza Rice**

«Laissez venir ce qui vient; laissez aller ce qui va. Déterminez ce qui demeure». - **Ramana Maharshi**

«La véritable perfection d'un homme réside, non dans ce qu'il a, mais dans ce qu'il est.» - **Oscar Wilde**

«Nous avons autant besoin de raisons de vivre que de quoi vivre». - **Abbé Pierre**

«Si vous êtes constamment fermé, vous ne pouvez rien recevoir. Si vous êtes constamment ouvert, vous ne pouvez rien retenir de ce que vous avez reçu. Vous devez être comme les ailes d'un oiseau :

ouvrez et fermez, ouvrez et fermez... avec une souplesse parfaite».
- **Gurumayi Chidvilasananda**

« De nombreuses personnes se font une fausse idée du bonheur. On ne l'atteint pas en satisfaisant ses désirs, mais en se vouant à un but louable.» - **Helen Keller**

«Lorsque tu croiras en toi, tu sauras comment vivre heureux ; lorsque tu croiras en ta valeur, tu n'auras plus besoin du regard approbatif de l'autre afin de te sentir précieuse.» - **Charlotte Saintonge**

«Quand le sentiment et la raison sont équilibrés, on est libre. C'est dans ce juste milieu qu'on trouve la liberté, l'équilibre, la tranquillité et le silence». - **Osho**

«Tout organisme pour s'adapter doit innover, évoluer et tenter une aventure hors de la norme, engendrer de l'anormalité afin de voir si ça marche, car vivre, c'est prendre un risque.» - **Boris Cyrulnik**

« Tu peux, à l'heure que tu veux, te retirer en toi-même. Nulle retraite n'est plus tranquille ni moins troublée pour l'homme que celle qu'il trouve en son âme. « - **Marc-Aurèle**

«L'acceptation de soi nous libère des opinions des autres». - **Louise Hay**

«L'Univers ne sait pas si la vibration que vous émettez vient de ce que vous imaginez, ou de ce que vous observez. Dans les deux cas, il répond. L'émotion est votre guide, votre réponse à votre vibration. Votre émotion ne crée pas. L'émotion est votre indicateur de ce que vous êtes déjà en train de créer. Comme vous pensez, vous vibrez. Et c'est votre émission vibratoire qui constitue votre point d'attraction. Donc, ce qui vous revient est toujours un équivalent vibratoire de ce que vous pensez. L'émotion (votre Système de Guidage) vous annonce ce qui est en train d'arriver». - **Abraham**

«Le monde visible est un théatre d'ombres derrière lequel brille un unique soleil, une même Lumière, qui remplit tout, derrière les mots, les images, les croyances qui opposent les hommes et les divisent. Une même Lumière qui les rassemble». - **Jean Climaque**

«Qui recherche la gloire ne pourra pas connaitre le bonheur d'être bien avec soi. Vivre à travers le regard des autres, ça pourrait sembler bien. Vivre par soi-même sans compter sur autrui pour faire briller son âme, c'est mieux. C'est quand on n'attend rien que la lumière arrive». - **Alexandra Julien**

«Si vous n'essayez jamais, vous ne réussirez jamais. Mais si vous Essayez, vous risquez de vous Étonnez Vous-Mêmes !» - **Lama T.Yeshe**

« La nature est éternellement jeune, belle et généreuse. Elle verse la poésie et la beauté à tous les êtres, à toutes les plantes, qu'on laisse s'y développer.» - **George Sand**

«Une pensée active signifie une pensée qui, lorsque je la pense, suscite en moi une réponse émotionnelle. Si vous n'avez pas de réponse émotionnelle à quelque chose, une émotion qui fait que vous vous sentez bien, ou une émotion qui fait que vous vous sentez mal — cette pensée n'est pas très puissante, et elle ne joue probablement pas un grand rôle dans votre cocktail vibratoire». - **Abraham Hicks**

« Les gens sont comme des vitraux. Ils brillent tant qu'il fait soleil, mais, quand vient l'obscurité, leur beauté n'apparaît que s'ils sont illuminés de l'intérieur.» - **Elisabeth Kubler-Ross**

« Observez n'importe quelle plante ou animal et laissez lui vous enseigner ce qu'est l'acceptation, l'ouverture totale au présent, l' Être. Laissez lui vous enseigner l'intégrité , c'est à dire comment ne faire qu'un , être vous même, être vrai. Comment vivre, mourir, et ne pas faire de la vie et de la mort un problème. « - **Eckart Tolle**

«Une décision parfaite est une décision qui ne se fait jamais. Au lieu de chercher à faire le choix parfait, faites un choix basé sur vos meilleures informations et instincts, et allez de l'avant». - **Marston**

«Le courage et la persévérance est un talisman magique devant lequel les difficultés disparaissent et les obstacles s'évanouissent dans l'air». - **John Quincy Adams**

«Quel que soit le sujet auquel vous pensez, c'est littéralement comme si vous programmiez un évènement futur. Lorsque vous vous faites du souci, vous programmez. Lorsque vous appréciez, vous programmez... Qu'est-ce que vous êtes en train de programmer ? « - **Abraham**

«Ne vous souciez pas du futur; gardez votre attention concentrée sur aujourd'hui et demeurez dans l'instant présent. Vivez simplement un jour à la fois. Faites toujours de votre mieux pour tenir ces accords, et bientôt tout cela deviendra facile. Aujourd'hui, un nouveau jour commence». - **Don Miguel Ruiz**

«Parce qu'une chose offre une difficulté énorme, ne va pas croire que ce soit une chose impossible aux forces humaines ; et si c'est quelque chose de possible et même de naturel à l'homme, pense que toi aussi tu es en état de le faire».- **Marc Aurèle**

«Lorsque vous êtes frustré, choisissez d'élever votre conscience à un niveau supérieur. Voyez combien la frustration est inutile. Puis laissez-là aller et libérez-vous en pour avancer vers l'avant». - **Marston**

«En écoutant notre voix intérieure, qui se manifeste sous formes de rêves, de fantasmes et d'autres dérivés spontanés de l'inconscient, l'âme égarée peut retrouver sa propre voie». - **Anthony Storr**

« La différence entre le possible et l'impossible réside dans la détermination qui sommeille en toi « - **Tommy Lasorda**

«Ne combattez pas les pensées négatives. Acceptez-les et laissez-les rapidement s'en aller». - **Marston**

«Un état d'esprit Positif t'aide non seulement à imaginer ce que Tu Veux Être, mais t'aide aussi à le Devenir». - **Wally Amos**

«Si tu veux être heureux, renonce à l'agitation inutile, aux paroles vaines, à la précipitation qui n'est qu'une fuite malheureuse... Arrête toi, calme ton esprit, écoute toi vivre. - **Dugpa Rimpoche**

«Tu n'aimes pas une personne pour son apparence ou pour ses vêtements, ou pour sa voiture de luxe, mais parce qu'elle chante une chanson que toi seulement peux entendre». - **Oscar Wilde**

«Ce que nous sommes est le cadeau que la Vie nous a fait. Ce que nous devenons est le cadeau que nous faisons à la Vie». - **Michel Saint-Jean**

«Lorsque votre esprit s'élève et que vous osez rêver de ce que vous voulez faire, être et avoir dans la vie, les forces créatrices de l'univers apparaissent mystérieusement et vous apportent le soutien dont vous avez besoin». - **Marc Allen**

«Je considère tout obstacle sur ma route comme un encouragement au succès». - **Hazrat Inayat Khan**

«Tout ce que vous faites à chaque instant de votre vie produit des vibrations. Ces vibrations se manifestent sous forme d'ondes électromagnétiques dont les signaux appellent à vous ce que vous exprimez». - **Barbara Marciniak**

«Ne regarde pas en arrière avec colère, ni devant avec peur, mais tout autour de toi en pleine conscience». - **James Thurber**

«Sous la couche épaisse de nos actes, notre âme d'enfant demeure inchangée ; l'âme échappe au temps». - **François Mauriac**

«Si vous pouvez rester sans pensées, au sens où le mental est absolument calme et tranquille, alors vous ressentirez constamment la paix en quantité infinie». - **Sri Chinmoy**

«Lorsque tu aimes, que ce soit de tout ton cœur. Ne crains jamais de montrer ton amour. Que ton amour soit comme un livre ouvert que toutes les âmes puissent lire. C'est la chose la plus merveilleuse au monde, alors laisse cet amour divin au-dedans de toi couler librement». - **Eileen Caddy**

«Personne ne se lasse d'être aidé. L'aide est un acte conforme à la nature. Ne te lasse jamais d'en recevoir ne d'en apporter». - **Marc-Aurèle**

« Les plus hauts royaume de la pensée sont impossibles à atteindre sans d'abord arriver à un certain niveau de compassion.'' - **SOCRATE**

« Je vous souhaite de résister à l'enlisement, à l'indifférence, aux vertus négatives de notre époque. Je vous souhaite surtout d'être vous.» - **Jacques Prévert**

« Chaque matin nous renaissons à nouveau. Ce que nous faisons aujourd'hui est ce qui importe le plus. « - - **Bouddha**

« Ayant consacré toute ma vie à la science la plus rationnelle qui soit, l'étude de la matière, je peux vous dire au moins ceci à la suite de mes recherches sur l'atome : la matière comme telle n'existe pas ! Toute matière n'existe qu'en vertu d'une force qui fait vibrer les particules et maintient ce minuscule système solaire qu'est l'atome. Nous pouvons supposer sous cette force l'existence d'un Esprit intelligent et conscient. Cet Esprit est la matrice de toute matière.» - **Max Planck**

«Votre vie procède des intentions que vous y mettez». - **Neale Donal Walsh**

«À chaque instant, il nous faut faire un choix. Et chaque choix plonge dans le néant plusieurs de nos virtualités. La nécessité de choisir une seule route, parmi celles qui se présentent à nous, nous prive de voir les pays auxquels les autres routes nous auraient conduits». - **Carrel**

«Emplissez vos pensées de ce que vous désirez créer et vous l'obtiendrez». - **Sanaya Roman**

«Concentre-toi sur ton Cœur, imagine-le rayonnant, battant au rythme de l'Univers et il s'ouvrira comme la fleur du matin libérant tous les parfums de l'Âme» - **Sagesse Amérindienne**

«La liberté n'est pas l'absence d'engagement , mais la capacité de choisir». - **Paulo Coelho**

«N'oubliez pas, nous affectons tous le monde à chaque instant, que nous le voulions ou pas. Par nos actions et nos pensée, parce que nous sommes tellement profondément interconnectés les uns les autres. Travailler sur notre propre conscience est la chose la plus importante que nous faisons à tout moment, et être amour est l'acte créateur suprême». - **Ram Dass**

«L'expérience n'est pas ce qui vous arrive, mais ce que vous faites avec ce qui vous arrive». - **Aldous Huxley**

«Pratique l'écoute, apprends du silence, regarde par ton âme, réalise par ton esprit, comprends par ton cœur, aime par ta lumière intérieure». - **Maitreya**

«Les pensées que vous entretenez et les émotions que vous éprouvez créent des liens de cause à effet, un karma, dans vos expériences terrestres». - **Ronna Herman**

«La Justice et la Vérité, même méconnues de tout un peuple, resteront la Justice et la Vérité, c'est-à-dire des choses supérieures aux aberrations d'un jour.» - **Clemenceau**

«Lorsque nous nous trouvons dans un état de grande ouverture face à la vie et à toutes les possibilités qu'elle comporte, que nous sommes disposés a faire le prochain pas qu'elle nous propose de faire, alors les gens les plus extraordinaires apparaissent sur notre route et viennent marquer nos vies. Ceci se produit en partie par la rencontre de nos regards, un peu comme si nos âmes se reconnaissaient instantanément et que nos vies s'associait dès cet instant». - **Joseph Jaworski**

«Ô âme aveugle. Arme-toi du Flambeau des Mystères, et dans la nuit Terrestre, tu découvriras ton double lumineux, ton âme Céleste. Suis ce guide divin, qu'il soit ton Génie, car il détient la clef de tes existences passées et futures». - **Hermès**

«Ne laisse pas la crainte ni le doute te paralyser, ils limitent et détruisent tout. Ce qu'il convient de faire, Décide-le. Ce que tu as décidé - Entreprends-le. Ce que tu as entrepris - Achève-le ! « - **Sagesse Druidique**

«Plus on partage, plus on possède. Voilà le miracle.» - **Léonard Nimoy**

«Je vois la vie d'un tout autre œil. J'ai la certitude que tout ce qui m'arrive me permet de me rapprocher de ma nature divine. Je suis convaincu que rien n'est laissé au hasard. Je me sers de chaque évènement pour grandir et pour m'éveiller à une conscience nouvelle, toujours plus élevée : une conscience universelle, divine ! « - **André Harvey**

« Fais de chaque jour un tremplin pour remplir ta vie d'aventure, de passion et d'énergie en y injectant de nouvelles découvertes à explorer ! « - **Robin Sharma**

«Ce n'est pas ce que tu as fait dans ta vie passé qui va influer sur le Présent. C'est ce que Tu Fais dans le Présent qui rachètera le passé et logiquement modifiera l'Avenir». - **Paulo Coelho**

«Vous êtes un enfant de l'univers, pas moins que la lune et les étoiles ; vous avez le droit d'être ici. Que cela vous soit claire ou non, aucun doute, que l'univers se déroule comme il se doit». - **Max Ehrmann**

«Être à l'écoute de soi-même. Se laisser guider, non plus par les incitations du monde extérieur, mais par une urgence intérieure». - **Etty Hillesum**

«Si votre champ de vision est suffisamment large, vous comprendrez que ce qui vous arrive dans le temps présent vous prépare à un plus grand futur». - **Sanaya Roman**

«N'ayez pas peur des ombres. Ils veulent simplement dire qu'il ya une lumière quelque part à proximité». - **Ruth E. Renkee**

«La vérité est que vous êtes responsable de ce que vous pensez, parce que c'est seulement à ce niveau que vous pouvez exercer vos choix». - **Cours en miracles**

«On ne devient pas bon en essayant d'être bon, mais en trouvant la bonté qui est dèja à l'intérieur de nous» - **Eckart Tolle**

«Le plus grand plaisir dans la vie est de réaliser ce que les autres vous pensent incapables de réaliser.» - **W. Bagehot**

«Le moyen pour rester jeune est de sentir et d'agir toujours dans le présent, en dirigeant son regard vers l'avenir».- **WU-TIG-FANG**

« Seules les pensées lumineuses et les sentiments d'amour désintéressé peuvent créer la beauté. - **Omraam Mikhaël Aïvanhov**

« En ce moment, beaucoup de gens ont renoncé à vivre. Ils ne s'ennuient pas, ils ne pleurent pas, ils se contentent d'attendre que le temps passe. Ils n'ont pas accepté les défis de la vie et elle ne les défie plus. - **Paulo Coelho**

«Tout d'abord, vous devez apprendre à contrôler votre être. Le reste suivra. Béni soit celui qui se connaît et se commande lui-même, car le monde est le sien et l'amour et le bonheur, la paix marche avec lui partout où il va».- **Robert A. Heinlein**

«Harmonisez vos pensées et vos sentiments avec vos actions. Le moyen le plus sûr de réaliser votre objectif est d'éliminer tout conflit ou dissonance entre ce que vous pensez et ce que vous ressentez, et la façon dont vous vivez vos journées». - **Dr Wayne W. Dyer**

«Vous pouvez devenir aveugle en voyant chaque jour pareil. Chaque jour est différent, chaque jour apporte un miracle qui lui est propre. C'est juste une question de prêter attention à ce miracle». - **Paulo Coelho**

«Se plaindre est toujours la non-acceptation de ce qui est. Invariablement, cela porte une charge négative inconsciente. Lorsque vous vous plaignez, vous vous placez en victime. Laisser la situation ou accepter là». - **Echart Tolle**

« L'homme devient souvent ce qu'il croit être. Si je continue à me dire que je ne peux pas faire une certaine chose, il est possible que je puisse finir par devenir vraiment incapable de le faire. Au contraire, si j'ai la conviction que je peux le faire, je vais sûrement acquérir la capacité de le faire, même si je ne peux pas l'avoir dès le début « - **Mahatma Gandhi**

«Tout comme un rayon de soleil ne peut pas se séparer du soleil, et une vague ne peut pas se séparer de l'océan, nous ne pouvons pas nous séparer l'un de l'autre. Nous faisons tous partie d'un vaste océan d'amour, d'un Esprit divin indivisible». - **Marianne Williamson**
«
Chaque personne vient au monde avec un destin spécifique -- il a quelque chose à accomplir, certains message doit être livré, un travail doit être remplie. Vous n'êtes pas içi accidentellement -- vous

êtes important. Il y a un but derrière vous. L'univers à l'intention de faire quelque chose à travers vous». - **Osho**

« La différence entre le possible et l'impossible réside dans la détermination qui sommeille en toi. – **Tommy Lasorda**

«Il y a des gens qui passent leur vie à saboter chaque situation positive, alors que d'autres voient les choses de façon positive même quand ils sont dans un mauvais pas. En fait, les gens qui ont une attitude positive sont plus chanceux que les autres parce qu'ils créent leur propre chance». - **Anonyme**

«Ne cherche pas à changer le monde, mais choisis de changer ton esprit sur le monde. Ce que tu vois reflète ta façon de penser. Et ta façon de penser reflète le choix de ce que tu veux voir». - **Cours en Miracles**

« Il est bien des choses qui ne paraissent impossibles que tant qu'on ne les a pas tentées. « - **André Gide**

«Ne pas être capable de m'empêcher de penser est une affliction terrible, mais nous ne réalisons pas cela parce que presque tout le monde souffre de cela, il est considéré comme normal. Cet incessant bruit mental vous empêche de trouver ce Royaume de calme intérieur qui est indissociable de l'être». - **Eckhart Tolle**

« Bonne est l'action qui n'amène aucun regret et dont le fruit est accueilli avec joie et sérénité. « - **Bouddha**

« Lorsque vous modifiez la façon dont vous regardez les choses, les choses que vous regardez changent. « - **Dr. Wayne Dyer**

«Ce que nous percevons à notre sujet --- reflète grandement comment nous finirons par vivre nos vies». - **Stephen Richards**

«Ce qu'un homme fait en dépit de circonstances, et non à cause d'eux, est la mesure de sa capacité de réussite». - **Orison Swett Marden**

«Votre tâche consiste ne pas à chercher l'amour, mais simplement à chercher et à trouver tous les obstacles au sein de vous-même que vous avez construit contre lui». - **Cours en Miracle**

«Un personnage est un homme qui sait ce qu'il veut ; qui ne permet pas son tempérament et ses humeurs de le gouverner, mais il agit sur des principes fermes». - **TREU**

«Les objectifs ne sont pas seulement indispensable pour nous motiver. Ils sont essentiels pour vraiment nous garder en vie». - **Robert H. Schuller**

« Il n'y a qu'une route vers le bonheur, c'est de renoncer aux choses qui ne dépendent pas de notre volonté. « - **Épictète**

«Il y a quelque chose de plus haut que l'orgueil, et de plus noble que la vanité, c'est la modestie ; et quelque chose de plus rare que la modestie, c'est la simplicité». - **Antoine de Rivarol**

«Plus il vous sera facile de recevoir, plus il sera facile à l'Univers de vous donner». - **Sanaya Roman**

« La réalité est une projection de vos pensées ou des choses que vous pensez constamment. - **Stephen Richards**

« On obtient le bonheur dans la mesure où on ne l'attend que de soi « – **Marcel Jouhandeau**

«Méfies-toi des pensées négatives, car elles s'attaquent au corps et à l'esprit. Elles sont les premiers symptômes du mal. Guéris ton esprit si tu veux guérir ton corps». - **Dugpa Rimpoché**

«En fin de compte, votre état d'esprit détermine vos circonstances. Pour atteindre les résultats souhaité, il est essentiel de reconnaître et de vivre la transition de vos pensées, habitudes et actions présentes à de nouvelles pensées, habitudes et actions». - **Darren L Johnson**

« Le secret de la visualisation réside dans le principe psychologique que « l'image mentale devient une forme-pensée ; et cette forme-pensée devient matérialisation physique «. - **Willian Atkinson**

« Sois courageux ! Bats-toi pour ce en quoi tu crois et fais de tes rêves ta réalité « – **Jared Leto**

«Avancer en toute confiance dans la direction de vos propres rêves pour vivre la vie que vous avez imaginé. Cela apporte le succès». - **Dr. Wayne Dyer**

« Vous êtes essentiellement ce que vous créez vous-même et tout ce qui se produit dans votre vie est le résultat de vos propres décisions. « - **Stephen Richards**

« Soyez à vous-mêmes votre propre refuge. Soyez à vous-mêmes votre propre lumière. Le monde est aveugle. Rares sont ceux qui voient correctement. - **Bouddha**

«Ma vie est parsemée d'indices qui relient ma réalité intérieure aux mondes extérieurs. Il n'y a pas de hasard» - **Deepak Chopra**

«Il n'y a rien de noble à être supérieur à vos semblables. La vraie noblesse est d'être supérieur à celui que vous avez été auparavant.» - **Ernest HEMINGWAY**

«Il m'a fallu toute une vie pour comprendre que le bonheur se trouve dans les petites choses et non dans les paroxysmes de l'extase». - **Anaïs Nin**

«L'optimiste est correct. Le pessimiste est correct. L'un diffère de l'autre comme la lumière de l'obscurité. Pourtant, les deux sont bons. Chacun est en droit de leur propre point de vue particulier, et de ce point de vue est le facteur déterminant dans la vie de chacun. Elle détermine quant à savoir si c'est une vie de pouvoir ou d' impuissance, de paix ou de douleur, de réussite ou d'échec». - **Ralph W. Trine**

« Parfois, tu dois oublier ce qui est perdu, apprécier ce qui reste encore et appréhender ce qui est à venir « – **Will Smith**

«Connaître les autres est la sagesse. Se connaitre soi-même est l'éveil». - **Lao Tzu**

« Le progrès est impossible sans changement et ceux qui ne peuvent changer leur esprit ne peuvent absolument rien changer « – **George Bernard Shaw**

«Celui qui croit que toutes choses sont possibles, pour lui, toutes choses sont possibles. Un tel croyant marche dans le chemin d'un maître». - **Charles F. Haanel**

«La volonté de gagner, le désir de réussir, l'envie d'atteindre votre plein potentiel - sont les clés qui ouvrent la porte à l'excellence personnelle». - **Confucius**

«L'utilisation scientifique de la pensée consiste à former une image mentale claire et distincte de ce que vous désirez, en maintenant votre détermination pour l'obtenir et en comprenant avec une foi reconnaissante que vous l'obtenez». - **Wallace D. Wattles**

«À partir du moment où j'ai finalement conclu qu'un résultat vaut la peine d'être obtenu, je vais de l'avant et j'y travaille, essai après essai, jusqu'à ce qu'il se matérialise». - **Thomas Édison**

«La fantaisie est un ingrédient nécessaire dans la vie» – **Dr. Seuss**

« La Science ne peut pas résoudre le mystère ultime de la nature. Et c'est parce qu'en dernière analyse, nous sommes nous-mêmes une partie du mystère que nous tentons de résoudre. « - **Max Planck**

«La clé pour obtenir ce que vous désirez est d'imaginer que vous l'avez déjà obtenu, de prétendre que l'objet de votre désir fait déjà partie de votre réalité, de visualiser que vous en profitez pleinement». - **Esther Hicks**

«Le premier principe fondamental à la compréhension de la science spirituelle et mentale est que nous sommes entourés d'une Intelligence infinie. Nous ne comprenons pas la signification d'une telle Intelligence, sauf dans une très faible mesure, mais parce que nous sommes des êtres intelligents, nous pouvons sentir la présence d'une Intelligence qui dépasse notre entendement humain, une Intelligence qui est assez grande dans sa propre nature pour comprendre le passé, de comprendre parfaitement le présent et pour être le créateur de l'avenir». - **Ernest Holmes**

«C'est le désir qui transforme les rêves en réalité. Plus vous demanderez à la vie, plus vous recevrez d'elle». - **Napoléon Hill**

« La force ne vient pas des capacités physiques; elle vient d'une indomptable volonté « – **Mahatma Gandhi**

« La vie est une succession de leçons qui doivent être vécues pour être comprises « – **Helen Keller**

«Utiliser votre imagination ! Image dans ton cœur ce que tu désires. Imagine le si clairement, que vous croierez l'obtenir. Dès le moment que vous aurez cette conviction dans votre esprit subconscient - votre rêve deviendra une réalité. Cela peut prendre un moment pour que vous le réalisiez, mais la partie importante est effectuée. Vous avez créé le modèle. Vous pouvez le laisser en toute sécurité à votre subconscient qui s'occupera du reste.» - **Robert Collier**

«Le mental est un univers en miniature et l'univers est l'expansion du mental». - **Jakob Böhme**

« J'ai appris que le succès ne doit pas être mesuré par la position qu'on a atteint dans la vie, mais par les obstacles qu'on a dû surmonter, tout en essayant de réussir» – **Booker T. Washington**

« Où que vous alliez, quelle que soit la température, apportez toujours votre propre soleil. Tout est dans l'attitude « – **J. D'Angelo**

«Vous pourrez arriver à vivre d'une façon infiniment plus sage lorsque vous apprendrez à vous connaître et à vous perfectionner vous-même, mais vous n'êtes pas encore conscient de votre propre puissance». - **Platon**

«Exister est un fait, vivre est un art. Tout le chemin de la Vie c'est passer de l'ignorance à la Connaissance, de la peur à l'Amour». - **Frédéric Lenoir**

« La joie est en tout, la beauté aussi ; il faut savoir les extraire « - **Confucius**

«Nous devons être très claires dans nos pensées, envoyant uniquement les pensées que nous souhaitons voir se manifester dans notre vie». - **Ernest Holmes**

« Le plus grand secret du bonheur, c'est d'être bien avec soi « **Fontenelle**

«Tandis que vous imaginez, visualisez et verbalisez votre nouvelle histoire -- avec le temps vous allez croire à cette nouvelle histoire, et quand cela arrivera, la preuve affluera rapidement dans votre expérience. Une croyance n'est qu'une pensée que vous persistez à penser. Et quand vos croyances correspondent à vos désirs, alors vos désirs doivent devenir votre réalité. Il n'y a pas de corps physique, quelle que soit sa condition, qui ne puisse atteindre un état meilleur. Rien d'autre dans votre expérience ne répond aussi rapidement à vos habitudes de pensée que votre propre corps physique». - **Abraham**

«Lorsque vous pensez des pensées paisibles, vous sentez des émotions paisibles, et c'est ce que vous allez apporter à chaque situation de la vie». - **Wayne Dyer**

«Nous consolidons notre confiance en nous-mêmes quand nous acceptons et nous assumons les conséquences découlant de nos choix». - **André Bienvenue**

«Il y a peu de différence dans les gens, mais cette petite différence fait toute la différence. L'attitude est la petite différence. La grande différence est si elle est positive ou négative». - **W. Clement Stone**

«Il est impératif pour vous de comprendre à quel point vos formes pensées sont puissantes, et ce, à chaque instant de chaque jour et de chaque nuit, parce que, ce faisant, vous acquérez une expertise dans l'art de concrétiser à l'aide des lois universelles et grâce à la substance vitale primaire». - **Ronna Herman**

«Tout est énergie et tout est vibration. Tout est en communication et réagit en réponse et en interaction avec les autres particules qui vibrent. Autrement dit, nous faisons tous partie d'un univers vibratoire». - **Esther et Jerry Hicks**

«L'objectif premier de tout être humain devrait être de maîtriser ses peurs, ses doutes et ses anxiétés. Une fois qu'on a surmonté ses propres peurs, on peut s'ouvrir aux autres et les aider à dominer les leurs. Cette noble tâche ne fera que resserrer le lien primordial qui nous unit tous». - **A.C. Ping**

«Lorsque vous demandez quelle est la clé la plus importante pour vivre longtemps - je dois dire que c'est en évitant l'inquiétude, le stress et la tension». - **George F. Burns**

« Les obstacles ne doivent pas t'arrêter. Si tu rencontres un mur, ne te retourne pas et n'abandonne pas. Tu dois comprendre comment escalader, traverser ou contourner le problème « - **Michael Jordan**

«Lorsque vous êtes capables de le désirer, l'Univers est capable de vous le procurer. Vous avez juste à vous aligner avec ce que vous voulez, ce qui signifie — soyez aussi heureux que vous le pouvez, aussi souvent que vous le pouvez, et laissez tout le reste prendre soin de soi-même». - **Abraham**

«La plupart des gens vivent, que ce soit physiquement, intellectuellement ou moralement, très en dessous de leurs capacités. Nous avons tous des réserves dont nous ne soupçonnons pas l'existence». - **William James**

«Nous participons tous à la création. Nous sommes tous des rois, poètes, musiciens ; il de faut que s'ouvrir comme un lotus pour découvrir ce qui est en nous.» - **Henry Miller**

« Il faut lutter pour ses rêves, mais il faut savoir également que quand certains chemins se révèlent impossibles, mieux vaut garder son énergie pour parcourir d'autres routes. « - **Paulo Coelho**

«Lorsque l'homme peut ressentir le rythme et les pulsations de cette intelligence divine surgir dans son être et réaliser cette source infinie d'énergie, il se retrouvera émancipée de ses fers et de ses limites ; Il entrera dans un nouveau monde de développement mental et spirituel sans limite». - **Abel Allen**

«Vous êtes l'unique possesseur de votre vision. Et l'Univers vous donnera ce que vous voulez dans votre vision. Ce qui se passe avec la plupart des gens, c'est qu'ils brouillent leur vision avec la « réalité «. Leur vision se remplit non seulement de ce qu'ils veulent, mais aussi de ce que tout le monde pense sur ce qu'ils veulent. Votre travail est de clarifier et de purifier votre vision afin que la vibration que vous émettez puisse recevoir sa réponse». - **Abraham**

«Lorsque surviennent les difficultés, sois fidèle aux rêves authentiques et aux valeurs qui te sont chères. Puise dans ton réservoir de force pour dépasser chaque défi et atteindre un niveau d'accomplissement plus élevé». - **Ralph S. Marston Jr**

« Il est des moments où il faut choisir entre vivre sa propre vie pleinement, entièrement, complètement, ou traîner l'existence dégradante, creuse et fausse que le monde, dans son hypocrisie, nous impose. - **Oscar Wilde**

«La majorité d'entre nous ne nous sommes jamais permis de Désirer ce que nous voulons vraiment - parce que nous n'arrivons pas à imaginer comment cela pourrait se réaliser». - **Jack Canfield**

«Le plus dur combat qu'on peut livrer est le combat avec soi-même. C'est pourquoi la plupart des gens préfèrent passer leur vie à culpabiliser les autres plutôt que d'affronter leurs propres démons». - **Rava**

«Notre esprit ne peut pas accepter ce qu'il rejette, il ne peut incarner ce qu'il nie, il n'acceptera pas ce qu'il refuse de croire». - **Ernest Holmes**

«Avec un peu d'éducation et de pratique sur la façon de gérer vos émotions, vous pouvez vous déplacer dans une nouvelle expérience de vie tellement gratifiante que vous serez motivé à gérer votre nature émotionnelle afin d'assurer son maintien. Le résultat est délicieux en termes de qualité de vie améliorée». - **Doc Childre**

« L'amitié comme l'amour demande beaucoup d'efforts, d'attention, et de constance, elle exige surtout de savoir offrir ce que l'on a de plus cher dans la vie, du temps ! « - **Catherine Deneuve**

«Le désir est la force d'attraction qui met le courant en marche et la peur est le grand obstacle par lequel le courant est arrêté ou complètement renversé et détourné de nous». - **Charles F. Haanel**

«Voyageur, Va où il n'y a pas de routes..C'est en marchant que tu vas les tracer...C'est toujours le premier pas qui coute..Vas-y, Ose, Tu seras étonné...- **Clo Carreno**

«L'Univers abonde de tout ce que vous voulez. Il n'est pas en train de vous mettre à l'épreuve. Il vous approvisionne avec bienveillance. Mais vous êtes celui qui orchestre tout cela. Vous êtes celui qui définit les contours de tout cela, et vous le faites par votre joyeuse anticipation. Si vous voulez nourrir une émotion qui vous soit très, très utile, c'est l'attente positive. C'est une ardente anticipation». - **Abraham**

«Dans le monde des mots, l'imagination est une des forces de la nature». - **Wallace Stevens**

«Ce que tu as appelé monde, il faut commencer par le créer. Ta raison, ton imagination, ta volonté, ton amour doivent devenir ce monde. La vie n'aura servi à rien à celui qui quitte le monde sans avoir réalisé son propre monde». - **Brihadaranyaka Upanishad**

«Le pouvoir de l'Univers est votre pouvoir. La lumière de l'Univers est votre lumière. L'énergie de tous les temps et de tous les espaces vibre à l'intérieur de votre conscience éternelle, vous engageant toujours dans d'élégants actes de création». - **Sandra Anne Taylor**

« Ne confonds pas ton chemin avec ta destination. Ce n'est pas parce que c'est orageux aujourd'hui que cela signifie que tu ne te diriges pas vers le soleil « - **Anthony Fernando**

«Préparer votre esprit à recevoir le meilleur que la vie a à offrir». - **Ernest Holmes**

«Il n'y pas d'erreurs, pas de coïncidences. Tous les événements sont des bénédictions, qui nous sont données pour que nous apprenions». - **Elisabeth Kubler-Ross**

«Vos croyances et vos sentiments nuancent vos perceptions et diffusent continuellement une fréquence d'énergie qui repousse ou attire tel ou tel événement». - **Barbara Marciniak**

«Cet esprit et ce corps sont notre demeure. Si notre demeure intérieure n'est pas en ordre, aucune demeure extérieure ne peut l'être.» - **Ayya Khema**

« Je suis plus fort que tout ce qui peut m'arriver. Toutes ces choses, la tristesse, le malheur et la souffrance, sont devant ma porte. Je suis dans la maison et j'ai la clé « - **Charles Lummis Fletcher**

«Ce que tu veux vraiment, c'est ce que tu aimes profondément. C'est quelque chose qui exprime avec élégance et de manière originale la personne réelle, ardente et passionnée que tu es». - **Ralph S. Marston Jr**

«Ne te hâte pas, ne t'inquiète pas. Tu n'es ici-bas que pour une courte visite. N'oublie pas de t'arrêter pour respirer les fleurs.» - **Walter Hagen**

«Étendez l'oreille et écoutez votre vie. Songez au mystère insondable qu'elle représente. Au milieu de l'ennui et de la douleur, pas moins que dans l'excitation et la joie : touchez, goûtez, humez jusqu'à son coeur sacré et secret, car, en analyse finale, chaque instant est un instant clef et la vie elle-même est un état de grace». - **Frédérick Buechner**

« Il ne peut exister aucune déité à l'extérieur de votre corps sans qu'elle existe également à l'intérieur, car tout est émanation d'énergie vibrante. Les vibrations de Dieu incluent toutes les cellules de votre corps et toute la masse de l'Univers. Dieu est donc partout, avant tout, en tout, autour de tout, enveloppant et embrassant tout. L'énergie immanente de la vie et de la lumière passe à travers tous les atomes de l'espace sans en excepter aucun. « - **Baird Thomas Spalding**

«Le courage de guerrier provient de la foi. C'est une force puissante à l'intérieur de vous, une impulsion innée qui vous permet de prendre des risques et faire face à vos peurs au lieu de jouer sur la sécurité à l'intérieur de votre petite personne». - **Debbie Ford**

«Un état d'esprit positif t'aide non seulement à imaginer ce que tu veux être, mais t'aide aussi à le devenir.» - **Wally Amos**

« N'attendez pas d'agir jusqu'à ce que tout soit parfait. Ce ne sera jamais parfait. Il y aura toujours des obstacles et des défis a surmonter. Et alors. Commencer maintenant. À chaque pas que vous prenez, vous serez plus solides et plus fort, de plus en plus qualifiés, et aurez de plus en plus de succès.» - **Mark Victor Hanse**

«Pour chaque vie, il y a un univers, son propre univers. Nous générons des sphères de réalité, des bulles individuelles d'existence. Notre planète est composée de milliards de sphères de réalité, généré par chaque être humain individuel et peut-être même par chaque animal». - **Robert Lanza**

«Ayez de la gratitude pour ce que vous êtes maintenant et continuerai à vous battre pour ce que vous voulez être demain». - **Fernanda Miramontes-Landeros**

«Vous êtes l'incarnation de l'information que vous choisissez d'accepter et d'agir en conséquence. Pour changer votre situation, que vous devez modifier vos pensées et actions ultérieures». - **Adlin Sinclair**

« Ce n'est pas assez de faire des pas qui doivent un jour conduire au but; chaque pas doit être en lui même un but en même temps qu'il vous porte en avant « - **Goethe**

«Toute la matière est originaire et existe uniquement en vertu d'une force... Derrière cette force, nous devons présumer l'existence d'un esprit conscient et intelligent. Cet esprit est la matrice de toutes les matières.» - **Max Planck**

«Peu importe comment grand ou petit est le problème, le divin peut être notre guide et ses conseils peuvent provenir de formes diverses». - **Debbie Ford**

«Grâce à la méditation, nous pouvons puiser dans une abondance d'énergie créatrice qui réside en nous et a avoir une expérience plus significative de la vie qui nous enrichit en permanence. En méditant, nous arrivons à reconnaître la Source divine». - **Dr. Wayne Dyer**

«La capacité de participer aux miracles se produit lorsque vous ouvrez votre esprit à votre potentiel illimité». - **Dr. Wayne Dyer**

«Chaque pensée crée une impression sur le cerveau. Ces impressions créent des tendances mentales, et ces tendances créent le caractères, les capacités et les objectifs, et l'action combinée du caractère, de nos aptitudes et de nos objectifs déterminent les expériences que nous allons rencontrer dans la vie».- **Charles F. Haanel**

«Ma plus grande découverte a été de prendre conscience que, dans ma vie, la plupart des barrières, c'est moi qui les avais érigées». - **Cheryl Jarvis**

«L'homme a une double origine, l'une céleste, l'autre terrestre; l'une, naturelle, l'autre, surnaturelle. L'homme accompli est la fusion de l'une et de l'autre dans sa conscience». - **Karlfried Graf Durckheim**

«Dans notre vie, tous les événements viennent en leur temps mais c'est uniquement l'attitude de notre mental qui nous y fait voir une cause de bonheur et de souffrance». - **Ramdas**

«Le but de la vie est le development personnel. Parvenir a une parfaite realisation de sa nature, c'est pour cela que nous sommes tous ici». - **Oscar Wilde**

«Quand nous réalisons pleinement le grand fait de l'unicité de la vie, que tous sont des participants provenant d'une seule Source infinie, et que la vie même est dans la vie de chaque individu, alors les Préjugés et les Haines cessent. L'Amour grandis et règne en maître».
- **Ralph Waldo Trine**

«Si vous voulez que la vie vous sourie, apportez lui d'abord votre bonne humeur». - **Spinoza**

«Quand vous vous mettez au lit pour vous préparer à dormir, n'oubliez pas que la dernière pensée que vous avez dans votre esprit peut durer jusqu'à quatre heures dans votre subconscient. Utilisez ces moments pour examiner ce que vous avez l'intention de manifester dans votre vie». - **Dr. Wayne Dyer**

«La leçon la plus difficile à apprendre, c'est de ne pas s'attacher aux résultats de ses actes». - **Joan Borysenko**

«Ce n'est pas combien nous avons, mais combien nous nous réjouissons, qui fait le bonheur». - **Charles Spurgeon**

«Être joyeux maintient le coeur et le visage jeune. Une bonne rigolade nous rend de meilleurs amis avec nous et tout le monde autour de nous». - **Orison Swett Marden**

«Les relations sont sûrement le miroir dans lequel on se découvre soi-même».- **Krishnamurti**

«Sage est celui qui ne s'afflige pas de ce qui lui manque et se satisfait de ce qu'il possède». - **Démocrite**

«Regarder le monde, ce n'est pas juste s'asseoir sur un banc et le couvrir des yeux ; c'est aussi y pénétrer, s'y promener, en faire le tour.» - **Chris Ware**

«La vie en elle-même est une toile vide, elle devient ce que vous peignez dessus. Vous pouvez peindre la misère, vous pouvez peindre la joie. Cette liberté est votre splendeur». - **Osho**

«Quiconque part dans la vie avec l'idée «j'y arriverai», y arrive inévitablement, parce qu'il fait ce qu'il faut pour y arriver. Si une seule occasion passe près de lui, cette occasion, n'eut-elle qu'un cheveu, il la saisit par le seul cheveu qu'elle a. De plus, il fait souvent naître, inconsciemment ou non, les événements propices». - **Émile Coué**

«Apprenez à devenir calme et à enlever votre attention loin de ce que vous ne voulez pas et mettez toute votre attention sur ce que vous souhaitez faire l'expérience'. - **Michael Beckwith**

«Vous devenez ce que vous pensez le plus, mais vous attirez également ce que vous pensez le plus». - **John Assaraf**

«De bonnes pensées portent de bons fruits, de mauvaises pensées portent de mauvais fruits». - **James Allen**

«Nous sommes des êtres illimités. Nous n'avons aucun plafond. Les capacités et les talents et les dons et la puissance qui est au sein de chaque individu sur cette planète, est illimité». - **Dr. Michael Beckwith**

«Peu importe le chemin : tous les chemins se valent. L'important est de suivre un chemin qui a du cœur». - **Carlos Castaneda**

«La santé n'est pas seulement l'absence de la maladie. C'est une joie intérieure que nous devrions ressentir tout le temps, un état de bien-être positif». - **Deepak Chopra**

«La vie en elle-même est une toile vide, elle devient ce que vous peignez dessus. Vous pouvez peindre la misère, vous pouvez peindre la joie. Cette liberté est votre splendeur». - **Osho**

«Donne au monde le meilleur de toi-même et il te donnera ce qu'il a de meilleur en retour». - **Madeline Bridges**

«L'Univers aime la vitesse. Ne tardez pas, n'hésitez pas, ne doutez pas. Lorsque l'occasion se présente, lorsque l'impulsion est là, lorsqu'une poussée intuitive vous interpelle, agissez. C'est à vous d'agir, c'est tout». - **Joe Vitale**

«Ce n'est pas ce que vous avez, ou qui vous êtes, où vous êtes, et ce que vous faites qui vous rend heureux ou malheureux. C'est dans la façon que vous pensez.». - **Dale Carnegie**

«Il n'y aucun médicament comme l'espoir, aucun encouragement si grand et aucun tonique plus puissant que l'attente de quelque chose de mieux pour demain». - **Orison Swett Marden**

«Si vous ne pouvez pas accomplir de grandes choses, faites de petites choses d'une manière grande». - **Napoleon Hill**

«Plus on prête attention aux coïncidences, plus elles se produisent». - **Vladimir Nabokov**

«Chérissez vos visions et vos rêves car ils sont les enfants de votre âme, les plans de vos réalisations ultimes». - **Napoleon Hill**

«Tôt ou tard, un homme découvre qu'il est le Maître-jardinier de son âme, le directeur de sa vie». - **James Allen**

«Notre destin se modifie avec notre pensée ; Nous allons devenir ce que nous voulons devenir, faire ce que nous voulons faire, lorsque nos habitudes de pensée habituelles correspondent avec notre désir». - **Orison Swett Marden**

«Une des plus belles compensations de la vie est qu'on ne peut pas essayer d'aider réellement quelqu'un sans s'aider soi-même» - **Ralph Waldo Emerson**

«Le monde dans lequel chacun vit dépend de la façon de le concevoir».- **Arthur Schopenhauer**

«Traitez les gens comme s'ils étaient ce qu'ils pourraient être et vous les aiderez à devenir ce qu'ils sont capables d'être». - **Goethe**

«Vous n'êtes responsable que pour ce que vous pouvez changer. Votre attitude est la seule chose que vous pouvez changer. Et c'est là toute votre responsabilité». - **Sri Nisargadatta Maharaj**

« J'ai le pouvoir de choisir qui je suis, d'aimer et d'accepter les gens tels qu'ils sont. Ainsi, je choisis de voir grand et de m'ouvrir à toutes les possibilités» - **David Cloutier**

«La Pensée qui est en harmonie avec l'esprit universel se traduira par des conditions correspondantes. La Pensée qui est destructive ou discordants produira des résultats correspondants. Vous pouvez utiliser la pensée constructive ou destructive, mais la loi immuable ne permet pas de semer telle pensée et de récolter les fruits d'une autre. Vous êtes libre d'utiliser cette puissance créatrice merveilleuse comme vous voulez, mais vous devez en subir les conséquences». - **Charles F. Haanel**

«L'exercice de la pensée, la recherche des idées, les contemplations tranquilles de la science nous prodiguent d'ineffables délices, indescriptibles comme tout ce qui participe de l'intelligence, dont les phénomènes sont invisibles à nos sens extérieurs». - **Balzac**

« Entre ombre et lumière , là où plus rien n'existe et au cœur même du désespoir ou plutôt de la fin de l'espoir, l'inattendu jaillit soudain comme un geyser d'Amour et de lumière. Le cœur est percé, il s'ouvre et tout est connu, tout est consommé.» - **Mâ Satya**

«Un homme ne vit que par le milieu extérieur où il baigne; et les sensations qu'il en reçoit, se transforment chez lui en mouvement, en pensées et en actes». - **Dr Pascal**

«On vous a fourni avec un corps parfait pour abriter votre âme pour quelques brefs instants dans l'éternité. Donc quelle que soit sa taille, sa forme, sa couleur ou manquements imaginaires, vous pouvez honorer le temple qui vous accueille en mangeant sainement, en l'exercisant, en écoutant les besoins de votre corps et en le traitant avec dignité et amour». - **Dr. Wayne Dyer**

«Dressez une liste des coûts et les conséquences de l'écoute de votre dialogue intérieur négatif. Combien il vous vole votre courage et votre confiance ? - **Debbie Ford**

«La sensation d'être heureux ou malheureux dépend rarement de notre état dans l'absolu, mais de notre perception de la situation, de notre capacité à nous satisfaire de ce que nous avons». - **Dalaï Lama**

«Le Temps est le bien le plus rare parce que c'est le seul bien qu'on ne puisse ni produire, ni donner, ni échanger, ni vendre». - **Jacques Attali**

«Il faut se ménager des haltes dans le quotidien et aussi prendre des vacances durant l'année, pour descendre en soi, ou plutôt pour se hisser à soi. - **Jean-Marie Poirier**

«Si seulement je peux grandir : plus ferme, plus simple, plus silencieux, plus chaleureux». - **Dag Hammarskjold**

«La vie est pleine de surprises et de coïncidence. Être ouvert aux virages inattendus sur notre route est un élément important du succès. Si vous essayez de planifier toutes les étapes, vous pouvez manquer ces merveilleuses péripéties». - **Condoleeza Rice**

La source de toute la misère du monde est de ne penser qu'à soi. La source du bonheur du monde est de penser aux autres.» - **Shantideva**

«Vous avez beaucoup de choix. Si se sortir du lit le matin est une corvée et que vous n'êtes pas souriant sur une base régulière, essayez un autre choix». - **Steven D. Woodhull**

«Lorsque vous commencerez à percevoir que l'essence de l'universel est au sein de vous-même — c'est vous — vous commencez à faire des choses ; vous commencez à sentir votre pouvoir ; C'est le carburant qui se déclenche à l'imagination ; qui allume le flambeau de l'inspiration ; qui donne la vitalité de la pensée ; qui permet de vous connecter avec toutes les forces invisibles de l'univers. C'est ce pouvoir qui vous permettra de planifier avec hardiesse et d'exécuter magistralement». - **Charles F. Haanel**

«Sans jouissance rien ne subsiste Sans jouissance rien ne dure, le divin doit jouir de soi; Sinon son essence comme l'herbe sécherait». - **Angelus Silesius**

«Ce que nous appelons le hasard n'est et ne peut être que la cause ignorée d'un effet connu». - **Voltaire**

«Plus grand est l'obstacle, et plus grande est la gloire de le surmonter».- **Molière**

«La pensée contient un principe essentiel, car c'est le principe créateur de l'univers. qui par nature se combine avec d'autres pensées semblables». - **Charles F. Haanel**

« Bonne est l'action qui n'amène aucun regret et dont le fruit est accueilli avec joie et sérénité « – **Bouddha**

«Le plus lourd fardeau, c'est d'exister sans vivre». - **Victor Hugo**

«L'attention ou la concentration constitue probablement la caractéristique essentielle la plus importante pour le développement de la culture de l'esprit. Les possibilités de l'attention correctement dirigée sont si surprenantes qu'elles paraîtraient à peine croyables aux non-initiés». - **Charles F. Haanel**

«Vous devez avoir le courage de vous débarrassez des chaînes de la modestie et de la médiocrité pour être la lumière que le monde a besoin». - **Debbie Ford**

«La paix avec les autres, avec soi, est une victoire qu'on ne gagne qu'après s'être vaincu soi-même». - **René Ouvrard**

«Marche face au soleil sans craindre la brûlure du bonheur et laisse ton ombre lutter contre les ténèbres dans ton dos». - **Li-Cam**

« Puissent les désirs de ton cœur être pur, ne cherchant pas à obtenir mais à t'initier, t'élevant, tel l'Aigle, au dessus des épreuves et tribulation, amenant la Paix à tous ceux qui croisent ta voie, n'autorisant jamais les nuages noirs à régner, laissant les Terres demeurer, libres et sauvages , intouchées. Puisse l'Esprit de la Vie renforcer ta tolérance, ta sagesse et ton humilité « - **TAHCA USTHE OCETI SAKOWIN OYATE - LAKOTA.**

«Il n'y pas d'erreurs, pas de coïncidences. Tous les événements sont des bénédictions, qui nous sont donnés pour que nous apprenions».- **Elisabeth Kubler-Ross**

«L'homme a ce choix : laisser entrer la lumière ou garder les volets fermés».- **Henry Miller**

«Vous avez peut-être des habitudes qui vous affaiblissent. Le secret du changement, c'est de concentrer toute votre énergie non pas à lutter contre le passé, mais à construire l'avenir». - **Socrate**

«Toutes les situations de la vie sont une occasion privilégiée pour nous mener à l'essentiel». - **Eric Baret**

«Tu dois désapprendre ce qui t'a été programmé de croire à la naissance. Cela ne te sert plus, si tu veux vivre dans un monde où tout est possible» - **Jacqueline E. Purcell**

«Ce contretemps, cette inquiétude, tout ce qui arrive si je l'accueille, va me permettre de progresser». - **Arnaud Desjardins**

«L'infini danse dans le cœur de chaque être humain». - **Prem Rawat**

«Vous avez des anges pour vous aider dans votre guérison, dans votre enseignement et dans votre travail, donc n'hésitez ne pas à les appeler pour vous soutenir». - **Doreen Virtue**

« Si tu veux connaitre la vie, savoir ce que tu es, commence par l'écouter en silence afin de pouvoir l'entendre te parler. Sois pleinement là pour les autres, porte toute l'attention sur eux, et reçois le message de la vie à l'intérieur de toi. De les entendre pleinement en ton coeur, de les accueillir, de les comprendre, c'est la vie que tu découvres, c'est toi que tu oublies, car en découvrant la vie, c'est toi que tu rencontres. Oublie-toi. « - **Patrice Bailly**

«Si votre esprit ne sait pas où il va, nos énergies ne savent pas où elles vont». - **Gregorio Manzur**

«Le temps ferme toutes les blessures, même s'il ne nous épargne pas quelques cicatrices». - **Marc Lévy**

« De même qu'il y a un objet matériel derrière chaque sensation, de même y a-t-il une réalité métaphysique derrière tout ce que l'expérience humaine nous propose comme réel. « - **Max Planck**

«Mon corps est-il « moi « ? Il est silencieux et inerte, mais je sens la pleine force de ma personnalité, et j'entends même la voix du « moi « au fond de mon être. Je suis donc un esprit qui transcende le corps. Le corps meurt, mais l'esprit, transcendant le corps, ne peut être touché par la mort. Ce qui veut dire que je suis un esprit immortel». - **Ramana Maharshi**

«La Conscience est la lumière de l'intelligence pour distinguer le bien du mal». - **Confucius**

«Nos passions possèdent leur propre sagesse, elles guident notre pensée ainsi que le choix de nos valeurs, et assurent notre survie».
- **Daniel Goleman**

«Si votre esprit ne sait pas où il va, nos énergies ne savent pas où elles vont». - **Gregorio Manzur**

«Tous les pouvoirs de l'univers sont déjà en vous. C'est vous qui vous êtes caché les yeux avec vos mains. Vous vous plaignez qu'il fait noir. Sachez qu'autour de vous il n'est pas de ténèbres. Ôtez les mains de devant vos yeux et la lumière paraîtra, qui était là de toute éternité».
- **Swami Vivekananda**

«Le désarmement extérieur passe par le désarmement intérieur. Le seul vrai garant de la paix est en soi». - **Dalaï Lama**

«Pour être en accord avec la vérité éternelle, nous devons posséder

«Équilibre» et «Harmonie» intérieure. Afin de recevoir l'Intelligence - le Récepteur (nous) doit s'accorder avec l'Émetteur (universel)». - **Charles F. Haanel**

«L'argent peut acheter une maison, mais pas un foyer. Il peut acheter un lit mais pas le sommeil. Il peut acheter une horloge, mais pas le temps. Il peut acheter un livre, mais pas la connaissance. Il peut acheter une position, mais pas le respect. Il peut acheter du sexe, mais pas l'amour ! - **Proverbe Chinois**

«Il n'existe pas de meilleur exercice pour le cœur que de se pencher pour aider quelqu'un à se relever». - **John A. Holmes**

«Car qu'est-ce que l'enfer si ce n'est être « enfermé « ; enfermé en soi-même, dans ses mémoires, ses craintes, ses peurs, ses refus, ses culpabilités... - **Jean-Yves Leloup**

«Tout ce qui vient à vous vient à vous parce que vous l'avez attiré; tout ce qui vient à vous vient à vous comme un défi et comme une opportunité». - **Arnaud Desjardin**

«Je laisse ma nature humaine se déplier, a la façon que son destin le veut, je reste tel que je suis». - **Nisargadatta Maharaj**

«Si la solitude sépare, elle tranche bien des liens qu'on ne coupe qu'à regret, mais elle permet de plonger des racines dans ce qui est essentiel».- **Eugène Delacroix**

«Ayez confiance dans vos chances de succès. Votre esprit viendra à votre aide si vous avez confiance en vos moyens». - **David J. Shwartz**

«Ce que nous contemplons, nous le sommes, et ce que nous sommes, nous le contemplons». - **Jean de Ruysbroeck**

«Un mensonge peut faire le tour de la terre le temps que la vérité mette ses chaussures». - **Mark Twain**

«Parmi tous les mystères qui nous entourent, rien n'est plus certain que l'existence d'une Énergie Infinie et Éternelle qui est la source de toutes choses».- **Herbert Spencer**

«La vie veut que vous ayez la liberté de faire des choix de chaque jour comme vous le souhaitez, sans être accablée par les décisions de votre passé, illimitée grâce à la promesse de votre avenir ; absolu par les conditions de votre humanité, libéré grâce à la gloire de votre divinité». - **Neale Donald Walsch**

«Quand une belle idée sonne à ta porte, laisse-la pénétrer ton esprit, fais d'elle une amie même si tu ne sais quoi en faire... Un jour ou l'autre, tu ne croiras plus au hasard, elle te reviendra, te guidera». - **Jah Olela Wembo**

«Hier n'est qu'un rêve et demain une vision. Mais, bien vécu, l'aujourd'hui fait de chaque hier un rêve de bonheur et de chaque demain une vision d'espoir. Prends donc bien soin d'aujourd'hui». - **Proverbe Sanskrit**

«La vie est un voyage et quoi qu'il en soit nul ne peut dire ce qu'il y aura en chemin, la seule chose que l'on peut contrôler sont les choix que l'on aura à faire: ils définirons qui nous sommes». - **Eric Castle**

«Le travail que je fais sur moi-même n'est pas un objectif, mais un processus. Un processus qui dure toute la vie. Je tire plaisir de ce processus». - **Louise L. Hay**

«L'amour n'est pas l'amour s'il fane lorsqu'il se trouve que son objet s'eloigne quand la vie devient dure quand les choses changent le vrai amour reste inchanger, c'est un phare érigé pour toujours qui voit les ouragans sans jamais en trembler, l'amour ne change pas au fil des courtes heures et courtes semaines, mais il perdure jusqu'au seuil du jugement dernier». - **William Shakespeare**

«Il vaut toujours mieux mener notre existence au jour le jour. De toute façon elle ne se présente jamais autrement». - **Lawrence Block**

«Dès que vous constaterez que vous êtes vraiment un avec le pouvoir infini, et dès que vous pourrez consciemment réaliser ce pouvoir en constatant pratiquement que le pouvoir de votre pensée vous permet de surmonter n'importe quelle circonstance défavorable, vous n'aurez plus rien a craindre». - **Charles F. Haanel**

«Celui qui va jusqu'au bout de son cœur connait sa nature d'homme. Connaitre sa nature d'homme, c'est alors connaitre le ciel». - **Mencius**

«Ose devenir ce que tu es. Ne te tiens pas quitte à bon compte. Il y a d'admirables possibilités dans chaque être. Persuade-toi de ta force et de ta jeunesse. Sache te redire sans cesse : « Il ne tient qu'à moi. « - **André Gide**

«Votre expérience du monde est déterminé par la façon dont vous le voyez, ce qui explique pourquoi, lorsque vous modifiez votre perception de vous-même, vous transformez aussi le monde dans lequel vous vivez». - **Guy Finley**

«Dieu est l'ami du silence. Les arbres, les fleurs et l'herbe poussent en silence. Regarde les étoiles, la lune et le soleil, comment ils se meuvent silencieusement». - **Mère Teresa**

«Tout ce qu'il nous faut est de mettre de l'ordre à l'intérieur de nous et l'extérieur prendra soin de lui-même». - **Eckhart Tolle**

«Quand tous les signes pointent vers une autre direction, sachez avoir assez de sagesse afin de reconsidérer vos choix, laisser-aller et finalement accueillir de nouvelles possibilités». - **Sylvie Toulouse**

«Il n'y a personne qui soit née sous une mauvaise étoile, il n'y a que des gens qui ne savent pas lire le ciel». - **Dalaï Lama**

«Ne permets pas aux évènements quotidiens de t'enchaîner mais ne te soustrait jamais à eux. Seulement ainsi tu attendras la libération.» - **Huang Po**

«Il faut vivre comme on pense, sinon tôt ou tard on finit par penser comme on a vécu». - **Paul Bourget**

«La connaissance de soi est une naissance à sa propre lumière, à son propre soleil. L'homme qui se connaît est un homme vivant». - **Marie-Madeleine Davy**

«Tant que l'on n'a pas trouvé intérieurement ce que l'on cherche au-dehors, on passera à côté sans le voir, car le monde extérieur n'est qu'un reflet de notre monde intérieur. Que ce soit la beauté, l'amour, la sagesse, il est presque inutile de les chercher autour de soi si on n'a pas commencé par les découvrir en soi». - **Omraam Mikhaël Aïvanhov**

«Tendez l'oreille et écoutez votre vie. Songez au mystère insondable qu'elle représente. Au milieu de l'ennui et de la douleur, pas moins que dans l'excitation et la joie : touchez, goûtez, humez jusqu'à son coeur sacré et secret, car, en analyse finale, chaque instant est un instant clef et la vie elle-même est un état de grace». - **Frédérick Buechner**

«L'orgueil, c'est se prendre pour ce qu'on n'est pas et rabaisser les autres ; la fierté - c'est savoir ce qu'on est et ne pas se laisser abaisser».- **Proverbe amérindien**

«Le silence est aussi plein de sagesse et d'esprit en puissance que le marbre non taillé est riche de sculpture». - **Aldous Huxley**

«Ce n'est pas le fait d'être aimé par quelqu'un qui guérit notre guerre civile intérieure, c'est d'être aimé par soi-même, de s'accepter, de la racine à la cime».- **Placide Gaboury**

«Le secret du changement consiste à concentrer son énergie pour créer du nouveau, et non pas pour se battre contre l'ancien». - **Dan Millman**

«La tendresse comme l'amour sont les seules choses au monde qui s'agrandissent en se partageant». - **Jacques Salomé**

«Voir, entendre, aimer. La vie est un cadeau dont je défais les ficelles chaque matin, au réveil». - **Christian Bobin**

«Celui qui ressent sa propre vie et celle des autres comme dénuées de sens est fondamentalement malheureux, puisqu'il n'a aucune raison de vivre».- **Albert Einstein**

«Soyez heureux, agissez dans le bonheur, sentez-vous heureux, sans aucune raison». - **Socrate**

«La pollution de la planète n'est qu'un reflet extérieur d'une pollution psychique intérieure, celle de millions d'individus inconscients qui ne prennent pas la responsabilité de leur vie intérieure» - **Eckhart Tolle**

«L'Esprit, de même que les métaux et les éléments, peut passer d'un état à un état différent, d'un degré à un autre, d'une condition à une autre, d'un pôle à un autre pôle, d'une vibration à une autre vibration. La Vraie Transmutation Hermétique est un Art Mental». - **Kybalion**

«Vivre en pleine conscience, ralentir son pas et goûter chaque seconde et chaque respiration, cela suffit». - **Thich Nhat Hanh**

«Un courant d'énergie circule en toute chose. Il existe d'un bout à l'autre de l'univers, et au cœur même de Tout Ce Qui Est. Il constitue le fondement de l'univers, ainsi que celui de votre monde physique. Certains sont conscients de l'existence de cette énergie, mais la plupart des humains n'en ont pas conscience. Toutefois, chacun est touché par sa présence». - **Esther Hicks**

«Rien de grand ne s'est accompli dans le monde sans passion». - **Friedrich Hegel**

«Si nous avons le courage de les poursuivre, tous les rêves deviennent réalité». - **Walt Disney**

«Il y a deux façons de faire face aux difficultés : soit on les transforme, soit on se transforme en les affrontant». - **P. Boltome**

«Très souvent, au cours de notre existence, nous voyons nos rêves déçus et nos désirs frustrés, mais il faut continuer à rêver, sinon notre âme meurt».- **Paulo Coelho**

«Qui connaît mieux que toi ce que tu dois devenir pour demeurer fidèle à l'être qui t'habite ? - **Jean-Noël Pontbriand**

«Notre esprit est une énergie statique, une énergie de potentialité, encore faut-il la rendre dynamique dans l'action de la pensée et dans l'oeuvre de nos mains». - **Melki Rish**

«Qu'est-ce donc que l'amour, si ce n'est de se comprendre et de se réjouir en voyant quelqu'un d'autre vivre, agir et sentir différemment de nous, parfois même à l'opposé ? - **Friedrich Nietzsche**

«Je ne suis pas victime du monde que je vois. Ce que je vois autour de moi reflète ce que j'ai d'abord vu en moi. Je projette toujours sur le monde les pensées, les sensations et les attitudes qui me préoccupent. Je peux donc voir le monde différemment en modifiant mon esprit en fonction de ce que je veux voir». - **Gérald Jampolsky**

«L'objectif ultime de l'expérience spirituelle est de sentir l'Univers en Soi. Ressentir l'Univers en Soi pour n'être qu'Un avec la Vie». - **Deepak Chopra**

«C'est en se Libérant des Conditionnements Que l'on atteint La Vérité de son Coeur «.- **Clo Carreno**

«Voyons notre vie comme un jeu et pour le plaisir de jouer, et non pas comme une malédiction ou un endroit que l'on doit fuir». - **Melki Rish**

«L'homme devrait mettre autant d'ardeur à simplifier sa vie qu'il en met à la compliquer». - **Henri Bergson**

«Tout homme devient fort dans la mesure où il croit en sa puissance. En dirigeant constamment nos pensées vers le bien, nous acquerrons la foi et la confiance». - **J. FIAUX**

«Au dedans de toi est la source du bien, une source qui peut toujours jaillir, si tu creuses toujours». - **Marc Aurèle**

«Face à la roche, le ruisseau l'emporte toujours, non pas par la force mais par la persévérance». - **H. Jackson Brown**

«Il y a des instants magiques qui passent inaperçus et puis, tout à coup, la main du destin change notre univers». - **Paulo Coelho**

«Le suprême degré de la sagesse, c'est d'avoir des rêves suffisamment grands pour ne pas les perdre de vue pendant qu'on les poursuit». - **William Faulkner**

«Rester en colère, c'est comme saisir un charbon ardent avec l'intention de le jeter sur quelqu'un ; c'est vous qui vous brûlez». - **Bouddha**

«Mettez-vous toujours à la place de l'autre. Renoncer un temps à vos opinions, à vos jugements afin de le comprendre. Bien des conflits peuvent ainsi être évités». - **Dalaï Lama**

« Le principale obstacle qui empêche la majorité des gens de réussir est leur manque de confiance en eux « - **Arthur Willams**

« Décidez du sens que vous entendez donner à votre vie. Ensuite, organisez toutes vos activités en conséquences « - **Brian Tracy**

« Le premier pas indispensable pour obtenir tout ce que vous désirez dans la vie est ceci : Déterminez exactement ce que vous voulez « - **Ben Stein**

«Tout ce que les hommes ont fait de beau et de bien, ils l'ont construit avec leurs rêves...» - **Bernard Moitessier**

«L'homme qui déplace une montagne commence par déplacer les petites pierres.» - **Confucius.**

« C'est le devoir de l'âme d'être loyale envers ses propres désirs. Elle doit s'abandonner à sa passion maîtresse «.**Dame Rebecca West**

«Singularité : Mon caractère singulier n'est chez moi ni une anomalie, ni une bizarrerie ou encore moins une curiosité ; C'est une originalité voir même un paradoxe mais j'ai cette particularité : c'est cette rareté et mon unicité.»- **Patrick Lager.**

«On n'est jamais si heureux, ni si malheureux qu'on s'imagine». - **François de La Rochefoucauld**

«Le héros n'est pas celui qui se précipite dans une belle mort; c'est celui qui se compose une belle vie». - **Jean Giono**

«Tous les éléments de la Nature contiennent tous les pouvoirs de la Nature. Tout est fait d'une substance invisible». - **Ralph W. Emerson**

«Albert Einstein fut le premier à choquer le monde scientifique en déclarant que la substance et la matière sont transformables. Il affirmait que les mondes tangible et intangible se composent de la même énergie, du même éther ou de la même substance. Il déclarait que les royaumes visible et invisible sont relatifs, transformables et interchangeables». - **Catherine Ponder**

« La phrase: « je ne peux pas « est la force de négation la plus puissante de la psyché humaine « - **Paul R.Scheele**

«Il n'est pas possible de vivre heureux sans être sage, honnête, et juste. Ni d'être sage, honnête, et juste sans être heureux». - **Epicure**
«L'égoïste n'est pas celui qui vit comme il lui plaît, c'est celui qui demande aux autres de vivre comme il lui plaît ; l'altruiste est celui qui laisse les autres vivre leur vie, sans intervenir». - **Oscar Wilde**

«La personne la plus influente vous parlant à longueur de journée, c'est vous. Donc, vous avez avantage à être très prudent à propos de ce que vous vous dites».- **Zig Ziglar**

« Vous devez croire en vous, même si vous êtes seul à le penser. C'est ce qui fera de vous un gagnant. « - **Venus Williams**

«Quand le dernier arbre sera abattu, la dernière rivière empoisonnée, le dernier poisson pêché, alors vous découvrirez que l'argent ne se mange pas».- **Proverbe Cree** (Sagesse Amériendienne)

«Traitez les gens comme s'ils étaient ce qu'ils pourraient être et vous les aiderez à devenir ce qu'ils sont capables d'être». - **Goethe**

« Tôt ou tard, ceux qui gagnent sont ceux qui s'en croient capable « - **Richard Bach**

«La clé d'une vie passionnante, c'est de faire confiance à l'énergie qui nous habite et de la suivre». - **Shakti Gawain**

«On ne peut vivre qu'en dominant ses peurs, pas en refusant le risque d'avoir peur». - **Nicolas Hulot**

«Ce que nous faisons pour nous-mêmes meurt avec nous. Ce que nous faisons pour les autres et le monde demeure et est immortel». - **Albert Pine**

«L'univers n'est pas là pour vous punir ou vous bénir. L'univers répond à l'attitude vibrationnelle que vous émettez. Plus vous êtes joyeux , plus le flux de bien-être vient à vous». - **Abraham**

«La peur est la plus terrible des passions parce qu'elle fait ses premiers effets contre la raison ; elle paralyse le cœur et l'esprit». - **Antoine de Rivarol**

«Ce que l'on crée en soi se reflète toujours à l'extérieur de soi. C'est là la loi de l'univers». - **Shakti Gawain**

«Les miracles commencent à se produire lorsque nous investissons autant d'énergie dans nos rêves que dans nos peurs». - **Richard Wilkins**

« Ce n'est pas assez de faire des pas qui doivent un jour conduire au but; chaque pas doit être en lui même un but en même temps qu'il vous porte en avant « - **Goethe**

«Il suffit d'aimer fortement quelque chose, la musique, le soleil ou un petit enfant, pour entendre l'appel divin, pour que la grâce abonde». - **Ramakrishna**

«J'admire ceux qui peuvent sourire dans l'adversité, qui peuvent se fortifier dans la détresse et qui s'enhardissent face à la critique». - **Thomas Paine**

«Préoccupez-vous davantage de votre caractère que de votre réputation, car votre caractère représente ce que vous êtes vraiment, tandis que votre réputation n'est que ce que les autres pensent de vous». - **John Wooden**

«L'esprit n'a pas de limites, sauf celles qu'on lui prête». - **Napoléon Hill**

«C'est justement la possibilité de réaliser un rêve qui rend la vie intéressante». - **Paulo Coelho**

«C'est dur d'échouer, mais c'est pire de n'avoir jamais essayé de réussir. Dans cette vie, on n'obtient rien sans effort». - **Theodore Roosevelt**

«Il devient indispensable que l'humanité formule un nouveau mode de pensée si elle veut survivre et atteindre un plan plus élevé». - **Albert Einstein**

«Méfies-toi des pensées négatives, car elles s'attaquent au corps et à l'esprit. Elles sont les premiers symptômes du mal. Guéris ton esprit si tu veux guérir ton corps». - **Dugpa Rimpoché**

«Pour changer l'avenir, il n'y a qu'à changer le présent. Et le vrai avenir commence par un engagement triomphal dans le présent». - **Stuart Avery Gold**

«Nous ne sommes pas des créatures simplement biologiques, le résultat d'un hasard de procédés chimiques... Nous sommes des créations de la divinité, les produits du divin, les Individuations de Dieu. Nous sommes des Expressions singulières de la singularité, éléments essentiels de l'Essence de la vie elle-même» - **Neale Donald Walsh**

« Il n'y a qu'une seule chose qui puisse rendre un rêve impossible... c'est la peur d'échouer.' - **Paulo Coelho**

«C'est une belle harmonie quand le dire et le faire vont ensemble». - **Montaigne**

«Il n'existe qu'une seule bénédiction, source et fondement de la béatitude: la confiance en soi». - **Sénèque**

«Pour mettre de l'ordre dans le monde, nous devons d'abord mettre de l'ordre dans la nation ; pour mettre de l'ordre dans la nation, nous devons mettre de l'ordre dans la famille ; pour mettre de l'ordre dans la famille, nous devons cultiver notre vie personnelle ; et pour cultiver notre vie personnelle, nous devons d'abord réparer nos cœurs et notre esprit». - **Confucius**

«Le bonheur n'est pas au sommet de la montagne mais dans la façon de la gravir». - **Confucius**

«Là où sont tes pensées, tu es. Veille à ce que tes pensées soient bien là où tu veux être». - **Rabbi Nachman**

«Les être humains préfèrent souvent aller à leur perte plutôt que de changer leurs habitudes». - **Léon Tolstoï**

«Le hasard n'existe pas, tout a une cause et une raison d'être». - **Ostad Elahi**

«S'inquiéter ne fait pas disparaître les problèmes de demain et nous prive de notre force aujourd'hui». - **Mary Engelbreit**

« La vie peut devenir difficile comme elle peut devenir facile à tout moment. Tout dépend de la manière dont tu t'adaptes à la vie. « - **Morarji Desai**

«La bonté en parole amène la confiance... La bonté en pensée amène la profondeur... La bonté en donnant amène l'amour». - **Lao Tseu**

«Si vous croyez que vous aurez toujours tout ce dont vous avez besoin, il en sera ainsi dans votre vie… Si votre foi est axée sur le manque, vos besoins ne seront jamais comblés. Votre monde est simplement le reflet de votre foi». - **John Randolph Price**

« Tout est changement, tout évolue, tout est en devenir, non pour ne plus être, mais pour devenir ce qui n'est pas encore. « - **Epictète**
«Celui dont le bonheur, la joie, la lumière, résident en lui-même et non plus en des choses extérieures, accède à la paix intérieure». - **Bhagavad Gîta**

«C'est dans le choix que nous faisons de nos pensées que réside notre liberté». - **Fox Emmet**

«On a demandé au **Dalaï Lama** : Qu'est-ce qui vous surprend le plus dans l'humanité ? Il a répondu : « Les hommes . Parce qu'ils perdent la santé pour accumuler de l'argent, ensuite ils perdent de l'argent pour retrouver la santé. Et à penser anxieusement au futur, ils oublient le présent de telle sorte qu'ils finissent par non vivre ni le présent ni le futur. Ils vivent comme s'ils n'allaient jamais mourir et meurent comme s'ils n'avaient jamais vécu!

«Nous créons notre propre réalité par la manière dont nous choisissons de percevoir le monde extérieur». - **Elliot Perlman**

«Quoi que vous pensiez ou croyez pourvoir faire, faites-le. L'action porte en elle la magie, la grâce et le pouvoir». - **Goethe**

«La seule révolution possible c'est d'essayer de s'améliorer soi-même en espérant que les autres fassent la même démarche; le monde ira mieux alors».- **George Brassens**

«Continuer à souffrir sans améliorer son sort n'est pas de la patience, c'est de l'ignorance». - **Margaret Mead**

«L'être humain a besoin d'inscrire le moindre de ses gestes dans un devenir afin de ne pas sombrer dans le désespoir». - **Rajae Benchemsi**

Aujourd'hui, n'oubliez pas combien vous êtes merveilleux. Votre essence est un miracle, puisque vous êtes une émanation de la Source Divine, étant sous forme physique. Pensez à combien cela est remarquable». - **Doreen Virtue**

«Dans la quiétude suprême, on peut alors s'unir au Vide suprême. Avec le Vide à son summum vient la lumière. Avec la lumière à son summum, vient la radiance. Avec la radiance à son summum, c'est la communication universelle». - **Wu Yun**, Taoisme

«Le succès, c'est d'avoir ce que vous désirez. Le bonheur, c'est d'aimer ce que vous avez». - **Jackson Brown**

« L'apprentissage est le début de la richesse intérieure. (...) L'apprentissage est le début de la spiritualité. La recherche et l'apprentissage sont le processus du prodige ou tout commence. **Jim Rohn**

«Ne juge pas chaque jour à la récolte que tu fais mais aux graines que tu sèmes». - **R.L. Stevenson**

«L'expérience est une lanterne attachée dans notre dos, qui n'éclaire que le chemin parcouru». - **Confucius**

«Aujourd'hui, je choisis de vivre dans la lumière de mes espoirs plutôt que dans l'ombre de mes doutes.»   - **Ray Davis**

« Si vous ne créez pas votre propre plan de vie, il y a de grandes chances que vous tomberez dans les plans des autres. Et Devinez ce qu'ils ont prévu pour vous ? Pas grand chose. « - **Jim Rohn**

« Un déséquilibre entre les riches et les pauvres est la plus ancienne et la plus mortelle maladie de toutes les républiques. « - **Plutarch**

«Ta route du bonheur ne part pas des personnes et des choses pour arriver à toi, elle part toujours de toi pour aller vers les autres.» - **M. Quoist**

« Le pire ennemi du courage est la peur elle-même et non ce qui la cause; l'homme qui peut maîtriser ses peurs est un héros» - **George Macdonald**

«Notre énergie personnelle se déplace vers l'extérieur de nous et se connecte avec les autres de même résonance, déterminant qui et quoi nous attirerons dans notre vie».- **Sandra Ann Taylor**

«La volonté de gagner, le désir de réussir, l'envie d'atteindre votre plein potentiel... ce sont les clés qui ouvrent la porte à l'excellence personnelle».- **Confucius**

« Conquérir sa joie vaut mieux que de s'abandonner à la tristesse» - **André Gide**

«Pour vivre l'expérience de votre plus grande expression et transcender la vie que vous menez dès maintenant, vous allez devoir vous engager à une vision inspirée qui exige de vous d'être le plus grand, le meilleur « vous « que vous pouvez éventuellement être». - **Debbie Ford**

«Là où l'amour règne, il n'y a pas de volonté de puissance et là où domine la puissance, manque l'amour. L'un est l'ombre de l'autre».
- **Carl Gustav Jung**

«Le courage vient du mot cœur. L'essence du courage, c'est accepter de ressentir son cœur, y compris dans les situations difficiles ou douloureuses». - **John Welwood**

«La vie spirituelle commence à partir du moment où nous découvrons que toute la réalité de nos actes réside dans les pensées qui les produisent». - **Louis Lavelle**

«Chaque pas, chaque situation reflètent votre état d'esprit et par-là même, sont porteurs d'une signification spirituelle». - **Chögyam Trungpa**

« La vision ne mène à rien, à moins qu'elle ne se conjugue avec l'aventure. Il ne suffit pas de regarder en haut des escaliers, il faut se mettre à monter les marches.» - **Vance Havner**

«Aimer les autres et prendre soin d'eux, c'est agir avec humanité. Les comprendre, c'est agir avec vertu». - **Confucius**

«Méditer c'est regarder profondément dans le cœur des chose». - **Thich Nhat Hanh**

«N'abandonnez jamais votre droit à l'erreur, car vous perdriez la capacité d'apprendre des choses nouvelles et d'avancer dans la vie».
- **David Burns**

«Vous devez d'abord être qui vous êtes vraiment, puis faire ce que vous avez à faire, pour obtenir ce que vous désirez». - **Shakti Gawain**
«Faites le premier pas avec foi. Il n'est pas nécessaire de voir l'intégralité du chemin. Faites juste le premier pas». - **Martin Luther King**

«Croire en des choses que vous pouvez voir et toucher n'a rien à voir avec la foi. Mais croire en l'invisible est un exploit et une grâce». - **Abraham Lincoln**

«Tes pensées, quelles qu'elles soient, sont exprimées par chaque aspect de ta vie. Oriente en permanence ces pensées dans un sens positif et ton monde tout entier suivra». - **Ralph S. Marston Jr**

«L'intelligence prend naissance quand l'esprit, le cœur et le corps sont en harmonie réelle». **Krishnamurti**

«Le pessimiste se plaint du vent; l'optimiste s'attend à ce qu'il change de direction; le réaliste ajuste ses voiles» - **William A. Ward**

«Au coeur de l'incertitude il y a toujours l'espoir, si fragile soit-il». - **Robert Choquette**

«Il n'y qu'une façon d'atteindre le bonheur : il faut cesser de se tourmenter au sujet des choses sur lesquelles notre volonté n'a aucune influence». - **Epictete**

«L'esprit c'est comme un parachute : s'il reste fermé, on s'écrase». - **Frank Zappa**

«La vie spirituelle commence à partir du moment où nous découvrons que toute la réalité de nos actes réside dans les pensées qui les produisent». - **Louis Lavelle**

«Nous sous-estimons souvent le pouvoir d'un contact, d'un sourire, d'un mot gentil, d'une oreille attentive, d'un compliment sincère, ou d'une moindre attention ; ils ont tous le pouvoir de changer une vie». - **Leo Buscaglia**

«Rien n'est permanent, sauf le changement». - **Héraclite d'Ephèse**
«Seul l'arbre qui a subi les assauts du vent est vraiment vigoureux, car c'est dans cette lutte que ses racines, mises à l'épreuve, se fortifient». - **Sénèque**

«La seule liberté, c'est de choisir son destin». - **Claire de Lamirande**

« Je ne veux désormais collectionner que les moments de bonheur. « - **Stendhal**

«Acquiers la sagesse, acquiers l'intelligence; n'oublie pas les paroles de ma bouche, et ne t'en détourne pas. Ne l'abandonne pas, et elle te gardera; Aime-la, et elle te protégera». - **Proverbes 4:5**

«Ait moins peur, espère plus ; mange moins, mâche plus, plains-toi moins, respire plus ; parle moins, disant plus ; ait moins de haine, aime plus ; et ainsi toutes les bonnes choses seront vôtres. - **Proverbe suédois**

« Prenons un instant pour prendre conscience qu'il n'y a que trois façons de modifier la trajectoire de notre vie, pour le meilleur ou pour le pire; par la crise, la chance et le choix» – **Sarah Ban Breathnach**

«Préoccupez-vous davantage de votre caractère que de votre réputation, car votre caractère représente ce que vous êtes vraiment, tandis que votre réputation n'est que ce que les autres pensent de vous». - **John Wooden**

«Si vous ne savez pas quelle est votre passion, peut-être devriez-vous comprendre qu'une des raisons pour lesquelles vous êtes sur la Terre est de le découvrir». - **Oprah Winfrey**

« Le moment présent est la piste désignée à tout nouveau départ. « - **Louis-Marie Parent**

«Sans la Raison, la Passion est aveugle, et sans la Passion, la Raison ne mène nulle part. - **Michel GODET**

« Entre le passé où sont nos souvenirs et l'avenir où sont nos espérances il y a le présent où sont nos devoirs. « - **Henri Lacordaire**

« Les effets de la colère sont beaucoup plus graves que les causes. «
- **Marc-Aurèle**

«Lorsque nous reconnaissons vraiment qu'un changement s'impose, alors notre esprit est prêt à changer. - **Dalaï Lama**

« La véritable sagesse consiste à ne pas s'écarter de la nature, mais à mouler notre conduite sur ses lois et son modèle « - **Sénèque**

« Il m'est permis d'aider une personne à trouver le chemin qui mène au Bien, mais je n'ai pas le droit de décider à sa place ni de la forcer à faire le Bien. Chacun doit trouver son chemin lui-même «   - **Bruno Gröning**

« Un bonheur que rien n'a entamé succombe à la moindre atteinte. Mais quand on doit se battre contre les difficultés incessantes on s'aguerrit dans l'épreuve on résiste à n'importe quels maux et même si l'on trébuche on lutte encore à genoux. « - **Sénèque**

« Perte d'argent - perte légère ; perte d'honneur - grosse perte ; perte de courage - perte irréparable. « - **Johann Wolfgang von Goethe**

« En ce moment, beaucoup de gens ont renoncé à vivre. Ils ne s'ennuient pas, ils ne pleurent pas, ils se contentent d'attendre que le temps passe. Ils n'ont pas accepté les défis de la vie et elle ne les défie plus. « - **Paulo Coelho**

«Le monde intérieur est la fontaine d'approvisionnement universelle, et le monde extérieur est l'embouchure du ruisseau. Notre capacité à recevoir dépend de notre reconnaissance de cette fontaine universelle, de cette énergie infinie dont chaque individu est une embouchure et ainsi «Un» avec tous les autres individus». - **Charles F. Haanel**

«Toujours, dès que je me montrais prête à les affronter, les épreuves se sont changées en beauté». - **Etty Hillesum**

«La première étape pour obtenir les choses que vous voulez de la vie est la suivante : décider ce que vous voulez». - **Ben Stein**

« Pour accomplir de grandes choses, nous devons non seulement agir, mais aussi rêver ; non seulement planifier, mais y croire. « - **Anatole France**

« Le plaisir n'est que le bonheur d'un point du corps. Le vrai bonheur, le seul bonheur, tout le bonheur est dans le bien-être de toute l'âme. « - **De Joseph Joubert**

«Un monde d'abondance vous entoure, si seulement vous vous en approchiez et le réclamiez. Faites en sorte de construire votre vie au lieu de la subir. Cela fera toute la différence au monde». - **Ralph Marston**

« La sagesse suprême est d'avoir des rêves assez grands pour ne pas les perdre du regard tandis qu'on les poursuit. « - **William Faulkner**

«L'univers est rempli de choses magiques qui attendent patiemment que nous soyons intelligents pour les percevoir» - **Eden Phillbots**

«Déplacer les montagnes, c'est regarder chaque événement désagréable de sa vie comme un défi personnel plutôt que comme une défaite assurée». - **Guy Cabana**

« Si tu as un passé dont tu n'es pas satisfait oublie-le maintenant. Imagine une nouvelle histoire pour ta vie et crois en elle. Concentre-toi seulement sur les moments où tu as réussi ce que tu désirais - et cette force t'aidera à obtenir ce que tu veux. « - **Paulo Coelho**

«Ce n'est pas parce que les choses sont difficiles que nous n'osons pas, c'est parce que nous n'osons pas qu'elles sont difficiles» - **Sénèque**

« Les problèmes du monde ne peuvent être résolus par des sceptiques ou des cyniques dont les horizons se limitent aux réalités évidentes. Nous avons besoin d'hommes capables d'imaginer ce qui n'a jamais existé.» - **John F. Kennedy**

« Il faut faire des rêves suffisamment grands pour ne pas les perdre de vue en les poursuivant. - **Yves Michallet**

«Sache que ta nature est triple en Un - physique, astrale et mentale. [...] Au dessus et au-delà de la nature trinitaire de l'homme se trouve le royaume du Soi Spirituel. Ce «Je» supérieur possède quatre qualités qui rayonnent dans chaque plan de l'existence». - **Hermès Trismégiste**

«Quand on sait que la vie a un sens et que tous les humains sont liés les uns aux autres, on sait que personne ne survient dans notre vie sans raison». - A. C. Ping »Plus votre vision gagnera en force par le biais de l'Action, vous n'avez pas réellement à vous préoccuper de comment, quand et où les événements vont se produire». - **Rick Jarow**

«Ne vous inquiétez donc pas du lendemain ; car le lendemain aura soin de lui-même. A chaque jour suffit sa peine». - **Jésus-Christ**

«Il n'y a que deux choses qui servent au bonheur: c'est de croire et d'aimer...» - **Anonyme**

«L'imaginaire est la clé qui mène à la splendeur, à l'unification des conceptualisations, à la réalisation des idées». - **Barbara Marciniak**

«Ne craignez pas d'avancer lentement, craignez seulement de rester sur place». - **Sagesse Chinoise**

«Chaque être humain joue un rôle important, parfois à son insu, mais jamais en vain. Ce n'est qu'après les rebondissements que l'on peut comprendre et saisir la portée de nos actions - **Marthe Thibaudeau**

«L'esprit humain est si grand qu'aucun être ne peut le décrire: si nous pouvions vraiment comprendre l'esprit de l'homme, plus rien ne nous serait impossible sur cette Terre». - **Paracelse**

«Ne fais pas de comparaison, considère chaque chose pour ce qu'elle est. Respecte toute vie, dégage ton cœur de l'ignorance, ne tue pas et ne nourris pas de pensées coléreuses» - **Sagesse amérindienne**

«Nos sentiments sont projetés hors de nous sous forme d'ondes électromagnétiques. La fréquence émise attire des fréquences sœurs, causant ainsi des événements, agréables ou désagréables, appareillés sur le plan vibratoire. - **Lynn Grabhorn**

«Si vous pouvez rester sans pensées, au sens où le mental est absolument calme et tranquille, alors vous ressentirez constamment la paix en quantité infinie». - **Sri Chinmoy**

«Chaque jour, la vie vous envoie de subtils messages et votre destinée dépendra toujours de votre manière de réagir. En toute occasion, il vous appartiendra de saisir la chance». - **Robin S. Sharma**

«Je considère tout obstacle sur ma route comme un encouragement au succès» - **Hazrat I. Khan**

«Rappelles-toi que tu n'es pas seul au monde. Tu dépends de mille créatures qui font le tissu de ta vie». - **Faouzi Skali**

«La seule réalité qui soit se trouve dans le présent, dans l'ici et maintenant. Là se situe non seulement le libre arbitre de l'homme, mais aussi son pouvoir créateur. Nous sommes capables, à tout moment, de modifier notre destinée et de créer, à partir de notre propre conscience, une réalité différente». - **Marie-Noëlle Bermond**

«Sans aucun doute, ce sont l'imagination humaine, la visualisation et la concentration qui sont les principaux facteurs de développement des forces magnétiques de l'esprit». - **Claude M. Bristol**

«La pensée ou l'attitude mentale prédominante représente l'aimant et la loi d'attraction dit: «Qui se ressemble s'assemble». Par conséquent, l'attitude mentale attirera invariablement les conditions qui correspondent à sa nature». - **Charles F.Haanel**

«Vous êtes nés avec un potentiel. Vous êtes nés pour la bonté et la confiance. Vous êtes nés avec des idéaux et des rêves. Vous êtes nés pour accomplir de grandes choses. Vous êtes nés avec des ailes. Vous n'êtes pas faits pour ramper, alors ne le faites pas. Vous avez des ailes. Apprenez à les utiliser et envolez-vous». - **Rûmi**

«Ne te demande pas ce dont le monde a besoin, demande-toi ce qui te rend vivant, et ensuite vas-y et fais-le. Car ce dont le monde a besoin c'est de personnes vivantes». - **Thurman Whitman**

« Il existe deux choses qui empêchent une personne de réaliser ses rêves, croire qu'ils sont irréalisables ou bien quand la roue du destin tourne à l'improviste les voir se changer en possible au moment où l'on s'y attend le moins. « - **Paulo Coelho**

«La vie m'a enseigné au moins une chose : si quelqu'un avance avec confiance en direction de ses rêves et qu'il s'efforce de mener l'existence qu'il a imaginée, il jouira d'une réussite hors du commun».   - **Henry David Thoreau**

«Le courage te permet de courir ta propre course. Le courage te permet de faire tout ce que tu veux parce que tu sais que c'est juste. Le courage te donne la maîtrise de toi-même pour persister là où les autres ont abandonné». - **Robin S. Sharma**

« Notre vie est pour une grande part composée de rêves. Il faut les rattacher à l'action. « - **Anaïs Nin**

«Durant ta vie active écoute ton cœur et suis ce qu'il te conseille. Aucune richesse ne te sera utile si tu t'ouvres à ses conseils et si tu suis sa voie. Jamais tu ne perdras si tu suis ton cœur». - **Hermès**

«Il n'y a pas d'erreurs dans la vie, il n'y a que des leçons. Il n'existe pas d'expériences négatives, il n'y a que des occasions de mûrir, d'apprendre et d'avancer le long de la voie de la maîtrise de soi». - **Robin S. Sharma**

«Les scientifiques affirment que nous vivons dans une mer d'énergie et d'intelligence et que nous avons constamment accès à ses bénéfices si nous les sollicitons. Vos navires ne peuvent rentrer au port que si vous les avez envoyés en mission». - **Catherine Ponder**

«Si nous sommes fidèles à notre vision intérieure, il viendra un temps où nos désirs s'épanouiront, où nos ambitions seront satisfaites, où notre idéal mûrira, car tout ceci forme les pétales renfermées dans le bouton de la fleur qui, tôt ou tard, s'ouvrira et répandra son parfum en révélant sa beauté, sans se flétrir, et sans être arrêtée dans sa croissance». - **Orison Swett Marden**

«L'homme qui est conscient des potentialités de sa propre nature et qui met de l'énergie à cette pensée, est maître des circonstances. Il est l'aimant qui attire le pouvoir, et qui attire le succès». - **Abel Allen**
«Je voulais vivre intensément et sucer la moelle de la vie. Et ne pas, quand je viendrai à mourir, découvrir que je n'aurai pas vécu...» - **Henry David Thoreau**

«La vraie sagesse de la vie consiste à voir l'extraordinaire dans l'ordinaire.» - **Pearl Buck**

«Développe en toi l'indépendance à tout moment, avec bienveillance, simplicité et modestie. - **Marc-Aurèle**

«Le Sage laisse parler son cœur et garde le silence avec sa bouche. Toi homme, écoute la voie de la sagesse, écoute la voie de la

Lumière. Les mystères qui émergent du Cosmos illuminent le monde de leur lumière». - **Hermoses**

«La joie de la vie viens de notre rencontre avec des expériences nouvelles, et il n'est donc pas de plus grande joie que d'avoir un horizon changeant sans cesse, d'avoir pour chaque jour un soleil nouveau et différent». - **C. McCandless**

«Tu dois vivre dans le présent, te lancer au-devant de chaque vague, trouver ton éternité à chaque instant». - **Henry David Thoreau**

«Dites-vous souvent et joyeusement pendant la journée : « Je marche tout le jour dans la conscience de la Présence Divine....Sa plénitude coule à travers toi à chaque instant et remplit tous les vides de ma vie». - **Joseph Murphy**

«L'aspect le plus triste de la vie maintenant est que la science accumule des connaissances plus vite que la société recueille la sagesse». - **Isaac Asimov**

«Le désir est Dieu frappant à la porte de votre esprit pour vous donner votre plus grand bien. Le fait que vous désiriez ardemment quelque chose est la preuve certaine que ce quelque chose est déjà préparé pour vous et qu'il attend seulement que vous le reconnaissiez et que vous l'acceptiez». - **Catherine Ponder**

«Vivre à partir de l'amour, c'est être complètement et totalement honnête avec toi-même. Le pouvoir illimité de l'amour réside dans la pure vérité de qui tu es et de ce que tu estimes sincèrement. Autorise-toi à être vraiment toi. Et laisse le pouvoir de l'amour colorer ton monde». - **Ralph S. Marston Jr**

«Donnez-moi la pénétration pour comprendre, la capacité de retenir, la manière et la facilité d'étudier, la subtilité pour interpréter - et une grâce abondante pour parler». - **Saint Thomas d'Aquin**

«Les pensées produisent des vibrations énergétiques et, même si vous ne voyez pas ces ondes, l'atmosphère déborde de votre identité vibratoire». -- **Barbara Marciniak**

«Le Karma veut dire action, à la fois physique et mentale. Toute action laisse une impression dans le subconscient, elle a aussi soit un bon, soit un mauvais effet sur la vie d'une personne». - Observez La nuit et le jour dans chacune de vos pensées, chacun de vos mots et actions. La vigilance constante est nécessaire. Si vous faites cela vous obtiendrez un résultat positif et rapide». - **Hariharananda**

«La majorité d'entre nous attire les circonstances par défaut. Nous ne croyons tout simplement pas que nous pouvons exercer un contrôle sur celles-ci. Nos pensées et nos sentiments fonctionnent sur pilote automatique, et tout nous arrive donc par défaut». - **Bob Doyle**

« Le bonheur veut tout le monde heureux. « - **Victor Hugo**

« Il ne faut pas penser à l'objectif à atteindre il faut seulement penser à avancer. C'est ainsi à force d'avancer qu'on atteint ou qu'on double ses objectifs sans même sans apercevoir. « - **Bernard Werber**

« Le bonheur ne s'acquiert pas il ne réside pas dans les apparences chacun d'entre nous le construit à chaque instant de sa vie avec son cœur. « - **Proverbe africain**

«Le pouvoir de l'Univers est votre pouvoir. La lumière de l'Univers est votre lumière. L'énergie de tous les temps et de tous les espaces vibre à l'intérieur de votre conscience éternelle, vous engageant toujours dans d'élégants actes de création». - **Sandra Anne Taylor**

« La perfection du caractère consiste à passer chaque journée comme si c'était la dernière, à éviter l'agitation, la torpeur et l'hypocrisie. « - **Marc-Aurèle**

«Mais en réalité, dans l'homme, c'est l'Esprit, Le souffle du Tout-Puissant, qui donne l'intelligence.»   - **Job 32 verset 8**

«Sans aucun doute, ce sont l'imagination humaine, la visualisation et la concentration qui sont les principaux facteurs de développement des forces magnétiques de l'esprit». - **Claude M. Bristol**

«Une loi de perpétuel renouvellement, de récréation, est constamment à l'œuvre en nous; elle n'est entravée que par nos pensées et notre attitude mentale». - **Orison Sweet Marden**

« Quand les jours sont ainsi semblables les uns aux autres c'est que les gens ont cessé de s'apercevoir des bonnes choses qui se présentent dans leur vie. « - **Paulo Coelho**

«Dieu est la force universelle, pénétrée d'intelligence, qui produit par une information d'elle-même, les êtres de tous les règnes, depuis le fluide impondérable jusqu'à l'homme». - **Proudhon**, Confess.révol.,1849, p. 68.

«Prenez conscience de ce que vous désirez vraiment. Cela vous contraindra à prospecter de l'or au lieu de chasser des papillons». - **William Moulton Marsden**

«Là est bien le mystère: le divin ne commence pas où s'arrête le terrestre; au contraire, le terrestre ne devient réellement lui-même, ne prend son sens profond que lorsqu'il est l'expression du divin.» - **Karlfried Graf Durckheim**

«Toutes choses s'enchaînent entre elles et leur connexion est sacrée et aucune, peut-on dire, n'est étrangère aux autres, car toutes ont été ordonnées ensemble et contribuent ensemble au bel ordre du même monde». - **Marcus Aurelus**

« On peut allumer des dizaines de bougies à partir d'une seule sans en abréger la vie. On ne diminue pas le bonheur en le partageant. « - **Bouddha**

«Lorsque vous maintenez une intention, lorsque vous vous engagez, l'Univers entier conspire à sa réalisation». - **Sandy Forster**

«Les pensées enracinées dans la peur produiront telle sorte de manifestation sur le plan physique. Les pensées enracinées dans l'amour produiront telle autre sorte. Les maîtres sont ceux qui ont choisi l'amour. À chaque instant. À chaque moment. Dans toutes circonstances». - **Anonyme**

«La gratitude met l'esprit tout entier en étroite harmonie avec les énergies créatrices de l'Univers, réfléchissez-y bien, et vous constaterez que c'est vrai». - **Wallace D. Wattles**

« On peut conquérir des milliers d'hommes dans une bataille ; mais celui qui se conquiert lui-même, lui seul est le plus noble des conquérants. « - **Dalaï Lama**

«Entre en toi autant que possible. Fréquente ceux qui peuvent te rendre meilleur. Accueille ceux que tu peux rendre meilleur. C'est une démarche réciproque: les hommes apprennent en enseignant». - **Sénèque**

«Nos doutes sont des traitres Et nous privent de ce que nous pourrions souvent gagner de bon Parce que nous avons peur d'essayer». - **Shakespeare**

«Prends conscience du pouvoir que possède ton esprit pour exaucer tes rêves. Quand tu auras fait cela, l'univers conspirera avec toi à te rendre ta vie magique». - **Robin S. Sharma**

«Plutôt que de penser à ce que tu n'as pas, pense à ce que tu peux faire avec ce que tu as». - **Ernest Hemingway**

« Ne demeure pas dans le passé, ne rêve pas du futur, concentre ton esprit sur le moment présent. – **Bouddha**

« Il faut apprendre pour connaître, connaître pour comprendre, comprendre pour juger ». - **Narada**

« L'homme courageux est l'homme qui ressent certaines peurs et ne se laisse pas effrayer par celles-ci. « - **Paulo Coelho**

«Le noyau dur d'un homme à l'esprit vivant est sa passion pour l'aventure. La joie de la vie viens de notre rencontre avec des expériences nouvelles, et il n'est donc pas de plus grande joie que d'avoir un horizon changeant sans cesse, d'avoir pour chaque jour un soleil nouveau et différent». - **C. McCandless**

«L'intuition ressemble à un récepteur radio par lequel les idées, les projets et les pensées jaillissent comme des éclairs dans notre conscience». - **Catherine Ponder**

«Le courage te permet de courir ta propre course. Le courage te permet de faire tout ce que tu veux parce que tu sais que c'est juste. Le courage te donne la maîtrise de toi-même pour persister là où les autres ont abandonné». - **Robin S. Sharma**

«La paix qui repose tout au fond de toi, laisse-la influencer chacune de tes pensées et de tes actes. Et contribue à faire du monde entier un endroit encore plus merveilleux». - **Ralph S. Marston Jr**

«La pensée créatrice exige de l'attention. Le pouvoir de l'attention développe la concentration. La concentration développe le pouvoir spirituel. Et le pouvoir spirituel est la force la plus puissante qui existe». - **Charles F. Haanel**

« Le contentement apporte le bonheur, même dans la pauvreté. Le mécontentement apporte la pauvreté même dans la richesse.» – **Confucius**

«Nous envoyons des pensées plus ou moins intenses tout le temps, et nous récoltons les résultats de telles pensées. Non seulement nos ondes de pensée nous influencent et influencent les autres, mais elles ont un pouvoir d'attraction - elles attirent à nous les pensées des autres, les choses, les circonstances, les gens, ou de la « chance,

« en accord avec le caractère de nos pensées les plus élevées». - **William Walker Atkinson**

«Votre temps est limité, ne le perdez donc pas a vivre la vie de quelqu'un d'autre... Ne soyez pas piégé par un dogme, qui est le résultat de la pensée d'autrui... Ne laissez pas le bruit des opinions des autres se noyer dans votre voix intérieure... Et le plus important, ayez le courage de suivre votre cœur et votre intuition». - **Steve Jobs**

«En tant qu'êtres humains libres, nous pouvons utiliser notre unique intelligence pour essayer de nous comprendre nous-mêmes et notre monde. Mais si nous sommes empêchés d'utiliser notre potentiel créatif, nous sommes privés de l'une des caractéristiques fondamentales de l'être humain». - **Dalai Lama**

«Le succès n'est pas la clé du bonheur... Le bonheur est la clé du succès... Si vous aimez ce que vous faites, vous réussirez». - **Albert Schweitzer**

«Pour méditer en respirant consciemment est de ramener le corps et l'esprit au moment présent afin que vous ne manquez pas votre rendez-vous avec la vie». - **Thích Nhat Hanh**

«Le mérite d'un homme réside dans sa connaissance et dans ses actes et non point dans la couleur de sa peau ou de sa religion». - **Khalil Gibran**

«Il est temps de chercher votre unicité, de vous applaudir, de vous reconnaître et de laisser votre propre lumière briller». - **Debbie Ford**

«Changer le monde commence par le processus très personnel de se changer soi-même... Le seul endroit où vous pouvez commencer est où vous êtes... et le seul temps où vous pouvez commencer est "toujours maintenant" - **Gary Cukav**

«Les clés de la patience sont l'acceptation et la confiance... Accepte les choses comme elles sont et regardent avec réalisme le monde autour de toi... Aie foi en toi et dans la direction que tu as choisi». - **Ralph Marston**

« Le Divin parle dans le silence du cœur, l'écoute est le début de la prière» - **Rumi**

«Lorsqu'on jette un regard sur la création, une sorte de musique mystérieuse apparaît sous cette géométrie splendide. La nature est une symphonie, tout y est cadence et mesure, et l'on pourrait presque dire que Dieu a fait le monde en vers». - **Victor Hugo**

«L'amour et la compassion sont des nécessités, pas des luxes. Sans eux l'humanité ne peut survivre». - **Dalai Lama**

«Quand vous échouez, vous apprenez des erreurs que vous faites et cela vous motive et vous permet de travailler encore plus efficacement».- **Natalie Gulbis**

«Le changement est la Loi de la vie. Et ceux qui regardent uniquement vers le passé ou le présent sont certains de manquer leur avenir». - **John F. Kennedy**

«Soyez toujours vous-même, exprimez-vous, ayez foi en vous-même, ne rechercher pas une personnalité qui a réussi pour la copier». - **Bruce Lee**

«La gratitude est la plus belle fleur qui vient de l'âme». - **Henry Ward Beecher**

«C'est au cours de nos moments les plus sombres que nous devons nous concentrer afin de voir la lumière». - **Aristotle Onassis**

«La première étape vers le succès est prise lorsque vous refusez d'être captif de l'environnement dans lequel vous vous trouvez». - **Mark Caine**

«Il n'y a qu'un temple dans l'univers, et c'est le corps de l'homme... Rien n'est plus holistique que cette forme élevée.. Nous sommes le miracle des miracles, le grand mystère indescriptible de Dieu». - **Carlyle**

«Être heureux est la pierre angulaire de tout ce que vous êtes ! Rien n'est plus important que de vous sentir bien ! Et vous avez un absolu et total contrôle à ce sujet parce que vous avez la capacité de choisir la pensée qui vous inquiète ou la pensée qui vous rend heureux ; les choses qui vous font frissonner de joie, ou celles qui vous tracassent. Vous avez le choix. À chaque instant». - **Abraham**

« N'attends pas que les événements arrivent comme tu le souhaites. Décide de vouloir ce qui arrive... Et tu seras heureux. « - **Epictète**

« Le Succès signifie avoir le courage, la détermination et la volonté de devenir la personne que vous croyez que vous êtes destiné à être « - **George Sheehan**

« La Connaissance des autres est l'intelligence. La connaissance de soi est la vraie sagesse. La maîtrise des autres est la force. La maîtrise de vous-même est la vraie puissance «. - **Tao Te Ching**

« L'incertitude est la seule certitude, et savoir comment vivre avec l'insécurité est la seule sécurité». - **John Allen Paulos**

« Mon expérience m'a au moins appris ceci: si nous avançons avec confiance vers la poursuite de nos rêves et si nous nous efforçons de vivre la vie que nous imaginons, nous pouvons nous attendre à une réussite exceptionnelle» - **Théoreau Walden**

«La pensée créatrice exige de l'attention. Le pouvoir de l'attention développe la concentration. La concentration développe le pouvoir spirituel. Et le pouvoir spirituel est la force la plus puissante qui existe». - **Charles F. Haanel**

«En laissant l'humanité ignorer que la pensée est une force agissante, on entrave énormément son évolution». - **Omraam Mikhaël Aïvanhov**

«Si vous êtes entraînés dans une certaine direction qui n'est pas confortable, ou pas en harmonie avec votre désir, vous devez vous rappeler que ça ne pourrait pas arriver si vous n'émettiez pas une vibration qui lui correspond d'une manière ou d'une autre. Si votre vibration est différente, vous n'avez pas cette expérience». -- **Abraham**

«Toute idée que tu nourris en ton cœur, tend à se réaliser d'autant plus énergiquement qu'elle est accompagnée de sentiments et qu'elle est nourrie avec persévérance». - **K.O. Schmidt**

«Je crois en une vie après la mort, tout simplement parce que l'énergie ne peut pas mourir ; elle circule, se transforme et ne s'arrête jamais». - **Albert Einstein**

« Rien n'est bon ni mauvais en soi, tout dépend de ce que l'on en pense. « - **William Shakespeare**

«Lorsque vous vous libérez de vos peurs, votre seule présence automatiquement libère les autres». - **Nelson Mandela**

«Plutôt que de penser à ce que tu n'as pas, pense à ce que tu peux faire avec ce que tu as». - **Ernest Hemingway**

«Le seul homme qui ne se trompe jamais est celui qui ne fait jamais rien. N'ayez pas peur des erreurs, pourvu que vous ne fassiez pas deux fois la même». - **Napoleon Hill**

Permets au bonheur de s'écouler de toi et tu seras environné des bonnes choses de la vie, elles empliront ton univers. Choisis d'être heureux, sans aucune condition, et tu créeras les conditions idéales dans ta vie». - **Ralph Marston**

« La sphère de l'âme reste semblable à elle-même quand sans s'élancer au-dehors ni se replier au-dedans sans se disperser ni s'affaisser elle s'éclaire d'une lumière qui lui fait voir la vérité universelle et celle qui habite en elle-même. « - **Marc Aurèle**

«La parole est inutile, puisque la vérité de ce que l'on dit réside en ce que l'on fait». - **Bernhard Schlink**

« L'amour ne voit pas avec les yeux, mais avec l'âme. « - **Shakespeare**

« Trois savoirs gouvernent le monde, le savoir, le savoir-vivre et le savoir-faire mais le dernier souvent tient lieu des deux autres. « - **Charles Cahier**

« Tout est changement, non pour ne plus être, mais pour devenir ce qui n'est pas encore « - **Epictète**

« La vie peut devenir difficile comme elle peut devenir facile à tout moment. Tout dépend de la manière dont tu t'adaptes à la vie. « - **Morarji Desai**

« Lorsqu'une chose évolue, tout ce qui est autour évolue de même. « - **Paulo Coelho**

« C'est de l'intérieur de soi que vient la défaite. Dans le monde extérieur il n'y a pas de défaite. La nature, le ciel, la nuit, la pluie, les vents ne sont qu'un long triomphe aveugle. « - **Pascal Quignard**

« La vie ne se comprend que par un retour en arrière, mais on ne la vit qu'en avant. - **Sören Kierkegaard**

« La formule sacrée du positivisme : l'amour pour principe, l'ordre pour base, et le progrès pour but « - **Auguste Comte**

« La vie qui a en partage la tempérance, le courage, la sagesse ou la santé est plus agréable que celle où se trouvent l'intempérance, la lâcheté, la folie ou la maladie. « - **Platon**

« De même que la valeur de la vie n'est pas en sa surface mais dans ses profondeurs, les choses vues ne sont pas dans leur écorce mais dans leur noyau, et les hommes ne sont pas dans leur visage mais dans leur cœur. « - **Khalil Gibran**

« On doit prendre les petites décisions avec sa tête et les grandes avec son cœur. «- **H. Jackson Brown**

« Si la seule prière que tu faisais dans ta vie était «merci», ce serait suffisant.» – **Maître Eckhart**

« Quelle est la différence entre une vie faite de confort et de sécurité et une vie faite de risques et d'insécurité totale ? Une c'est être comme tout le monde. L'autre est un grand frisson, elle encourage quelque chose d'inconnu et d'illimité qui est omniprésent. Et c'est cela vivre une vie spirituelle. « - **Andrew Cohen**

«Si vous voulez trouver les secrets de l'univers, penser en termes d'énergie, de fréquence, d'information et de vibration». - **Nikola Tesla**

FIN.

"

Il n'existe que deux choses infinies,
l'univers et la bêtise humaine... mais pour
l'univers, je n'ai pas de certitude absolue.

ALBERT EINSTEIN

Printed in France by Amazon
Brétigny-sur-Orge, FR

16461448R00141